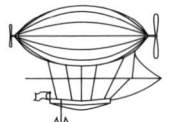

Mit Gottvertrauen im Gepäck

Die Baldegger Schwester Gaudentia in Papua-Neuguinea

Helene Arnet

HIER UND JETZT

Die grosse Reise

Am 7. Oktober 1969, einem Dienstag, begibt sich
Sr. Gaudentia mit vier Mitschwestern auf die grosse
Reise. Zuvor hat man für sie in der Kirche Waltenschwil einen Gottesdienst zur sogenannten Aussendung abgehalten. Ihre Nichte Gabriela, damals
neunjährig, erinnert sich, wie sie mit ihrer Cousine
Blumen streute. Und daran, wie eigentümlich die
Stimmung war, zwischen Feierlichkeit, Aufregung
und Sorge, welche die ganze Familie ergriffen
hatte. Weiter weg und fremder als Papua-Neuguinea,
das ging fast nicht! Noch 1998 stellte Prinz Philip,
der Mann von Königin Elisabeth II., einem britischen
Studenten gegenüber, der von dort nach Hause
kam, nur halb im Scherz fest: «Sie haben es also geschafft, nicht verspeist zu werden.»
     Sr. Gaudentia hat das Bild vor Augen, wie die
Zurückbleibenden beim Abschied an der Klosterpforte
versammelt sind und winken, als sie und ihre vier
Begleiterinnen ins Auto steigen, das sie zum Flughafen
bringt. Die Aufregung ist grösser als bei früheren
Aussendungen, da die Frauen in ein neues Gebiet ziehen. In Kloten werden sie von den Angehörigen
empfangen und verabschiedet. Alle stehen auf der
Zuschauerterrasse und winken dem Swissair-Flug-
zeug nach.
     Sr. Martine Rosenberg, damals stellvertretende
Leiterin der Klostergemeinschaft, erinnert sich, als
wäre es gestern gewesen, wie sie die kleine Gruppe
zum Flughafen begleitete. Eine der ausreisenden Missionarinnen ist die vormalige und bereits 64-jährige
Frau Mutter Sixta Popp. Sie hat sich in ihrer Funktion
als Vorsteherin des Klosters stark für die Mission
eingesetzt und wäre als junge Schwester selbst gerne
ins Ausland gegangen. Nun erfüllt sie sich diesen
Lebenswunsch. Sr. Sixta ist schliesslich bis 1978 Regio-

naloberin in Papua-Neuguinea und vor allem für Küche und Haushalt in der Missionsstation zuständig. «Sie war sozusagen die Hausmutter», sagt Sr. Martine. «Das tat allen gut, auch den jungen amerikanischen Kapuzinern, die dort stationiert waren. Sie gab uns einen mütterlichen Halt.» Mit dabei sind ausserdem die beiden Lehrerinnen Sr. Lukas Süess und Sr. Sibille Meier sowie die Krankenschwester Sr. Kiliana Fries.

Sr. Martine erzählt: «Das war unsere erste Gruppe in Papua. Die fünf sind mit grosser Begeisterung aufgebrochen. Es war aber auch ein Abschied ins Ungewisse. Uns allen war klar, dass sie, waren sie einmal abgereist, wirklich weg waren. Denn die Kommunikationsmöglichkeiten waren fundamental anders als heute. Der Briefverkehr war unsäglich langsam, Telefonieren praktisch unmöglich. Als Sr. Lukas' Vater starb, dauerte es länger als einen Monat, bis der Brief mit dieser traurigen Nachricht sie erreichte. Doch sie gingen mit Gottvertrauen.»

Der Flug führt zuerst nach Genf, dann über Dubai und Indien nach Manila. Von dort aus reisen sie mit der australischen Fluggesellschaft weiter nach Port Moresby. «Ich freute mich sehr, als es endlich losging», sagt Sr. Gaudentia. Waren da keine bangen Gefühle? «Nein, keine, höchstens, ob wir das Richtige eingepackt hatten.»

August 2013
Kennenlernen

Zwei Welten

Bestimmt zwanzig Jahre ist es her, dass ich das erste Mal von Schwester Gaudentia Meier hörte. Meine Schwägerin erzählte damals von einer Tante, einer Ordensfrau des Klosters Baldegg, die als Missionarin in Papua-Neuguinea stationiert war. Heute ist es eine Besonderheit, eine Klosterfrau in der Familie zu haben. Und eine Missionarin erst! Das ist aussergewöhnlich. Gibt es das denn tatsächlich noch? Und wo genau liegt Papua-Neuguinea? Liest man in der Zeitung gelegentlich über den Inselstaat, geht es meist um Bürgerkriege, um Korruption oder Putschversuche. Unvorstellbar, dass mittendrin eine Baldegger Schwester, Sr. Gaudentia Meier aus dem Aargauer Freiamt, lebte und wirkte.

Diese Frau interessierte mich, das Thema Mission irritierte mich. Die Faszination für Missionare, welche unsere Elterngeneration vielleicht noch verspürte, ist heute meist Misstrauen oder gar Ablehnung gewichen. Man verbindet damit Begriffe wie Zwangschristianisierung und westliche Überheblichkeit. Nur passte das so gar nicht zu dem, was meine Schwägerin von ihrer Tante erzählte.

Dann erschien weltweit in verschiedenen Magazinen und Zeitungen eine Reportage der australischen Journalistin Jo Chandler über die grausamen Verfolgungen von Menschen in Papua-Neuguinea, die der Hexerei beschuldigt wurden. Darin erwähnte sie eine mutige Frau, die sich dagegenstellte: Sr. Gaudentia Meier.

Am 25. August 2013 reiste Sr. Gaudentia für einige Wochen in die Schweiz, um hier ihre Goldene Profess, die fünfzigjährige Treue zum Ordensgelübde, zu feiern. Ich besuchte den Gottesdienst und vereinbarte in der folgenden Woche ein Treffen mit ihr.

Die Gespräche verliefen anders, als ich sie mir vorgestellt hatte. Sr. Gaudentia ist eine gute Erzählerin, aber keine, die gerne von sich spricht. Und ihr ist das Leben in Papua-Neuguinea mittlerweile so vertraut, dass ihr nicht bewusst ist, wie exotisch das, was sie dort tagtäglich erlebt, für uns ist. Es wurde klar, dass meine ursprüngliche Idee, ihre Erzählungen einfach im Wortlaut ᚤderzuschreiben, nicht funktionieren würde.

Wir trafen uns zwischen August und Oktober 2015 zu drei längeren Gesprächen. Dann reiste sie wieder ab. Im Mai 2016 traf ich mich mit Sr. Martine Rosenberg, welche mit Sr. Gaudentia die Profess abgelegt, von 1981 bis 1999 der Klostergemeinschaft als Frau Mutter vorgestanden hatte und nun in Baldegg das Missionssekretariat betreute. Sie hatte die Schwestern in Papua-Neuguinea mehrmals besucht.

Ich hoffte erst, die Geschichte mittels Mailkontakt weiterschreiben zu können. Das ging nicht. So geduldig, ja manchmal unermüdlich und bildhaft Sr. Gaudentia mündlich erzählte, so knapp und sachlich schrieb sie. Bald stand dann jeweils: «Em tasol.» Meine Frage, was das denn heisse, beantwortete sie mit: «Das wird in Pidgin-Englisch am Ende eines Berichts geschrieben. Es heisst ungefähr: Das wars. Oder einfach: Ende.»

Mitte 2018 erreichte mich die Nachricht, dass Sr. Gaudentia ernsthaft erkrankt sei und in die Schweiz zurückkehren würde. Wahrscheinlich für immer. Glücklicherweise erwies sich die Krankheit als weniger schlimm als ursprünglich angenommen. Doch war der Entscheid gefallen. Nach fast fünfzig Jahren Tätigkeit in Papua-Neuguinea kehrte sie, in ihrem achtzigsten Lebensjahr, in die Schweiz zurück. Nicht nur auf Urlaub, sondern endgültig.

Es ist nun Anfang Mai 2020. Gestern wären Sr. Gaudentia und ihre Mitschwester, Sr. Lukas, wohl ein letztes Mal nach Papua-Neuguinea geflogen, um das fünfzigjährige Jubiläum der Baldegger Mission zu feiern. Alles war vorbereitet. Es wäre eine schöne, aber auch anstrengende Zeit für die beiden Ordensfrauen geworden, denn viele wollten sie wiedersehen. Die überstürzte Abreise vor eineinhalb Jahren hatte einen gebührenden Abschied verhindert.

Nun durchkreuzte die Coronakrise die Reisepläne. «Es sollte vielleicht einfach nicht sein», sagte Sr. Gaudentia. Endgültig klang das nicht.

Sr. Gaudentia Meier kann auf eine aussergewöhnliche Lebensgeschichte zurückschauen. Sie handelt von einer Frau, die 24-jährig in ein Kloster eintrat, weil sie Missionarin werden wollte. Die fast fünfzig Jahre in Papua-Neuguinea lebte und wirkte, dort erst in der Geburtshilfe tätig war, dann Pflegerinnenschulen und ein international anerkanntes Aidsspital aufbaute. Und sie handelt von einer Missionarin, die sich furchtlos einer pöbelnden Menge entgegenstellte, als diese eine Frau brutal misshandelte, als Hexe beschimpfte und zum Scheiterhaufen führen wollte.

Goldene Profess

In der örtlichen Presse war im Vorfeld von einem Jahrhundertereignis die Rede. Und das will sich offensichtlich niemand entgehen lassen, denn die Menschen strömen an diesem sonnigen Sonntagmorgen, lange vor Beginn des Gottesdienstes, in die Kirche des Klosters Baldegg. Es ist der 25. August 2013, und heute feiern zwanzig Baldegger Schwestern ihre Goldene Profess. Unter ihnen ist auch Sr. Gaudentia Meier aus Waltenschwil. Sie werden die nach ihrem Klostereintritt abgelegten Gelübde erneuern: Armut, Gehorsam, Keuschheit.

Es ist die Zahl der jubilierenden Schwestern, welche diese Goldene Profess zum Jahrhundertereignis macht. 24 junge Frauen traten vor fünfzig Jahren in das Kloster Baldegg ein. Damals gehörten über 1000 Ordensfrauen der Gemeinschaft an, es war die grosse Zeit des Klosters Baldegg. Heute sind es noch 225 Schwestern, und vor bald zwanzig Jahren legte die letzte Novizin ihre Profess ab.

Die Kirchenglocken sind im Luzerner Seetal weiterum zu hören, doch wer sich erst jetzt auf den Weg macht, wird kaum mehr Platz in der saalartigen Institutskirche des Klosters finden. Die ungefähr 500 Sitzplätze sind schon beinahe besetzt. Eine energische Ordensschwester, deren Füsse trotz hochsommerlicher Temperaturen in robusten schwarzen Schnürschuhen stecken, weist die Besucherinnen und Besucher ein. Der Raum ist festlich erleuchtet und mit Blumen geschmückt. Die Sonnenblumen lockern mit ihren sattgrünen Blättern und dem fröhlichen Gelb die ansonsten ernste, feierliche Stimmung auf.

Nun werden zusätzliche Stühle herbeigeschafft. Noch immer treten Menschen vor den Altar, verneigen sich und folgen dann der allmählich etwas mitgenommen wirkenden Schwester, die Ausschau nach Bankreihen hält, in denen die Menschen nicht ganz so dicht sitzen. Nett lächelnd bittet sie dann, noch etwas enger zusammenzurücken. Zwei Schweizer Gardisten stehen in ihren bunten Uniformen stramm und schauen mit unbewegten Mienen dem Treiben zu. Sie sind zu Ehren einer Schwester angereist, die ihnen im Vatikan Italienischunterricht erteilte.

Dann stimmt der Schwesternchor ein Lied an, die Orgel steigt ein. Es beginnt der Einzug. Ministranten gehen voran, Kerzen haltend, es folgt eine Gruppe Ordensschwestern, eine trägt hoch über ihrer Brust eine Bibel, dann folgt die Schar der Jubilarinnen. Sie sind in ihre dunkelblaue Schwesterntracht mit weissem Kragen und schwarzem Schleier gekleidet; in ihren Händen halten sie eine Kerze mit rot-goldenem Kreuz. Eine weisse Spitzenrose als Brosche und ein gleichschenkliges Kreuz, das sie an einer einfachen schwarzen Schnur um den Hals tragen, sind ihr einziger Schmuck. Die Besucherinnen und Besucher haben sich von ihren Sitzen erhoben. Einige Schwestern blicken ernst, viele aber schauen sich neugierig in den Sitzreihen um und lächeln, sobald sie bekannte Gesichter sehen. Eine winkt sogar. Inzwischen sind auch sechs in weisse und goldene Messgewänder und prächtige Stolen gekleidete Priester vorbeigezogen. Einer trägt eine Bischofsmitra. Es ist Kurienkardinal Kurt Koch, einer der höchsten Geistlichen der Schweiz, hier, gleich um die Ecke, in Emmenbrücke, aufgewachsen. 1996 wurde er von Papst Johannes Paul II. zum Bischof von Basel geweiht und 2010 von Papst Benedikt XVI. nach Rom berufen. Er präsidiert dort den Päpstlichen Rat zur Förderung der Einheit der Christen.

Weihrauchschwaden ziehen durch die Kirche, der Chor singt «Nun jauchzt dem Herren, alle Welt». Einer der Priester begrüsst in leicht näselndem Ton die Schwestern an ihrem «Ehrentag». Dann beginnt der Kardinal mit seiner Ansprache. Er spricht von einer Glaubenskrise, die er in der heutigen Gesellschaft beobachtet: «Gott wird nicht mehr als gegenwärtig wahrgenommen.» Es fehle vielen Menschen an einem persönlichen Gott, «es fehlt die Leidenschaft für Gott». Und: «Wir sollen unseren Glauben mit dem Leben bezeugen.» Dann zitiert er jenen Papst, der vor fünfzig Jahren – im Jahr, als die heute feiernden Schwestern ihre Profess ablegten – sein Amt antrat: «Paul VI. nannte Ordensmenschen einmal Spezialisten für Gott», erzählt Kardinal Koch. «Denn sie leben vor, dass die Kirche es mit Gott zu tun hat und Gott in der Kirche lebendig ist.» Er dankt den Baldegger Klosterfrauen, dass sie durch ihr Tun die Gegenwart Gottes bezeugen. Und auch, er lächelt in die Runde, dass sie über all die Jahre seinen bischöflichen Haushalt in Solothurn führten.

Dann gehen die zwanzig Schwestern, eine nach der anderen, zur grossen Kerze am Altar, um daran ihre eigene Kerze zu entzünden. Sie stellen sich im Halbkreis auf und wiederholen ihr Gelübde, mit dem sie sich vor fünfzig Jahren dem Ordensleben verpflichteten: «Wir antworten Dir heute von Neuem und bitten, hilf uns jungfräulich, arm und gehorsam Jesus Christus nachfolgen, zu Deinem Lob und zum Heil der Menschen. Amen.» Manche Stimmen sind laut und deutlich im Kirchenraum zu hören, manche klingen etwas heiser. Nach eineinhalb Stunden stimmt die Orgel das Lied «Grosser Gott, wir loben Dich» an.

Nach der Messe wird im Hof des alten Klostertrakts ein Gruppenbild für die Presse aufgenommen. Sr. Gaudentia Meier steht in der hintersten Reihe in der Mitte. Sie wirkt etwas schmaler im Gesicht als die meisten Mitschwestern, die Gläser ihrer Brille haben sich im Sonnenlicht dunkel verfärbt, sie lächelt zurückhaltend in die Kamera, der Schleier ist nach hinten gerutscht, sodass er den Ansatz ihrer weissen Haare freigibt. Die energische Bewegung, mit der sie den stets nach hinten rutschenden Schleier richtet, wird während unseren Gesprächen schon bald zum vertrauten Bild.

Das erste Gespräch

Vier Tage sind vergangen, seit Sr. Gaudentia in Baldegg ihre Goldene Profess feierte. Jetzt begrüsst sie mich im Garten ihrer Nichte Gabriela in Waltenschwil, der Tochter ihres ältesten Bruders. Viele Bilder und Gedanken seien ihr während des Gottesdienstes durch den Kopf gegangen. «Ich habe fest zurückgedacht, was ich in den fünfzig Jahren alles erlebt habe. Es war ein dankbares Zurückdenken, und ich sagte mir, dass ich ein reiches und erfülltes Leben habe, obwohl ich Klosterfrau bin. Oder eigentlich, weil ich Klosterfrau bin: Wäre ich nicht ins Kloster eingetreten, hätte ich das alles nie machen können.»

Ordensschwester, Missionsstation, Papua-Neuguinea: Was Sr. Gaudentia gemacht hat, ist nicht nur einzigartig, sondern auch exemplarisch für eine Lebensweise, die es in dieser Form wahrscheinlich bald nicht mehr geben wird. Weil sie ungewöhnlich, ja aussergewöhnlich, exotisch und gleichzeitig verblüffend bodenständig ist.

Das alles scheint so weit entfernt von meiner Realität. Mein Gegenüber schnürt ihren Rucksack auf und packt Bücher, Magazine und einige Fotokopien aus. Zum Schluss zieht sie ein schwarzrotes Fähnchen aus einer Seitentasche, die Flagge von Papua-Neuguinea. Sie zeigt, auf rotem Grund, einen goldenen Paradiesvogel im Flug, auf Schwarz das silberne Sternbild Kreuz des Südens.

«Ich kann besser erzählen, wenn ich Bilder vor mir habe», sagt Sr. Gaudentia. Das letzte Mal, als sie in Heimurlaub ging, schenkten ihr ihre Mitarbeiterinnen zum Abschied ein Kleid in den Nationalfarben. Das hat sie ihrer Nichte weitergegeben – «ich kann das ja schlecht anziehen», sagt sie. Lacht, trinkt einen Schluck Kaffee und schaut mich dann erwartungsvoll an. Das Fähnchen wird sie mir nach diesem Nachmittag zum Abschied schenken. «Ich sehe die Flagge ja bald wieder, jeden Tag», sagt sie. Es steht seither auf meinem Arbeitstisch und ist mir mittlerweile ganz vertraut.

«Als Ordensschwester kann ich mich wirklich voll und ganz für eine Sache einsetzen, ohne mich darum kümmern zu müssen, ob sich das in irgendeiner Weise auszahlt», erzählt Sr. Gaudentia. «Wir haben zwischendurch auch Laienhelferinnen und Laienhelfer bei uns in Papua, doch müssen diese immer wieder heim und dort arbeiten, damit sie Geld zurücklegen können fürs Alter. Das muss ich nicht. Ich muss mich nicht sorgen.»

Sie spricht langsam, und manchmal rutschen englische Wörter dazwischen. «Mein Deutsch ist nicht mehr so gut», sagt sie dann. Am Satzende folgt hie und da ein eigentümliches, leicht näselndes «He», das dem Sinn nach wie ein in den Schweizer Dialekt übertragenes «Well» oder «You see» wirkt. Sr. Gaudentia ist erst vor Kurzem aus Mendi, der Hauptstadt der Provinz Südliches Hochland in Papua-Neuguinea, für einen dreimonatigen Urlaub ins Mutterkloster zurückgekehrt. Ihr Deutsch wird im Laufe der Gespräche wieder fliessender; geblieben ist der Freiämter Dialekt aus ihrer Heimat Waltenschwil bei Wohlen, der etwas altertümlich anmutet.

13. Oktober 1969

Ankunft in der Steinzeit

Wesen wie von einem anderen Stern

Am Donnerstag, dem 9. Oktober 1969, landeten die fünf Schwestern aus Baldegg in Port Moresby, der Hauptstadt von Papua-Neuguinea. Von dort flog meist zweimal pro Woche ein einmotoriges Flugzeug nach Mendi, der Hauptstadt des Südlichen Hochlands. Ein Fünfplätzer. Im ersten Flieger fanden nur zwei Schwestern Platz. Die anderen drei, darunter Sr. Gaudentia, kamen bei australischen Ordensschwestern unter. «Die legten für uns drei Matratzen in die Kapelle, dort konnten wir schlafen.» Am Sonntag ging dann ihr Flug nach Mendi. Von dort wurden die fünf Baldegger Schwestern, wiederum mit einem kleinen Flugzeug, nach Det, ihrem Einsatzort, gebracht. «Wir landeten in der Steinzeit», erzählt Sr. Gaudentia.

Papua-Neuguinea, im südwestlichen Pazifik gelegen, wurde damals noch von Australien verwaltet. Det war – und ist auch heute – keine Stadt, kein Dorf, sondern eine kleine Missionsstation mitten im dichten Regenwald, welche noch nicht einmal mit einer Strasse erschlossen war. Doch es gab eine Flugpiste. Die Station war drei Jahre zuvor von einem Kapuziner bezogen worden. Die Einheimischen wohnten in der Umgebung in einfachen Häusern. Organisiert waren und sind sie bis heute in Sippenverbänden. Kurz bevor die Schwestern eintrafen, war es in der Gegend verschiedentlich zu Stammeskämpfen gekommen.

Hunderte von Einheimischen versammelten sich, als sie hörten, dass die Missionarinnen bald eintreffen würden. Ein Foto zeigt die fünf Schwestern kurz nach der Landung vor dem kleinen Flugzeug, in ihren langen, schweren Ordenskleidern mit schwarzem Schleier. Sie sind umringt von einem guten Dutzend nackter Kinder, teilweise mit geblähten Bäuchen. Die Kinder zeigen keine Scheu, blicken aber ernst in die Kamera. Die Ordensfrauen überragen auch die erwachsenen Papuas, die sich etwas im Hintergrund halten. Sie selbst wirken unbeschwert, neugierig, tatkräftig. Sr. Gaudentia erinnert sich: «Die Männer trugen nur einen Lendenschurz und hinten Blätter, sie hatten Pfeil und Bogen dabei. Die Frauen trugen Röcke aus Schilf und eine Art Tuch. Der Kopf war bedeckt, die Brüste frei.»

Die Frage, wie denn ihr erster Eindruck gewesen sei, beantwortet Sr. Gaudentia so: «Wenn ich zurückdenke, frage ich mich eher, wie das wohl für die Einheimischen war, als wir in Det eintrafen. Wir waren die ersten weissen Frauen, die sie zu sehen bekamen. Ein Pater war vorher hin und wieder dort gewesen, aber sonst hatten sie keinen Kontakt zum Rest der Welt. Sie kannten nur die nähere Umgebung, und Frauen in so viel Stoff hatten sie sowieso noch nie gesehen. Immerhin trugen wir eine Kopfbedeckung wie die Frauen. Was die Papuas aber vor allem faszinierte, waren unsere schwarzen Strümpfe, die wir damals vorschriftsmässig trugen. Sie zupften daran und wunderten sich, was das sein sollte. Menschen, die oben weiss und unten schwarz sind.» Die Strümpfe habe man dann übrigens bald sein lassen. «Das war unerträglich in diesem Klima.» Mit den Läusen aber musste man sich abfinden. «Eine echte Plage», sagt sie.

Sie seien den Menschen dort wohl wie Wesen von einem anderen Stern vorgekommen, fährt Sr. Gaudentia fort. Für die Schwestern bedeutete es einen Zeitsprung. Es folgt eine Beschreibung, die typisch ist für Sr. Gaudentias anschauliche Art zu erzählen: «Wir wussten schon, dass die Menschen in Papua, insbesondere im Hochland, noch nicht oft in Berührung mit der sogenannten Zivilisation gekommen waren. Aber dass sie noch so urtümlich lebten, war uns nicht klar gewesen. Sie hatten keine Gegenstände aus Metall, verwendeten keine Wagen mit Rädern, das war im Busch unpraktisch. Sie kannten die kleinen Flugzeuge, nicht aber Autos. Als dann später das erste Auto bei uns in Det ankam und auf der Flugpiste fuhr, konnten sie es nicht fassen, dass dieses Vehikel am Ende der Piste nicht abhob und wegflog, sondern einfach weiterfuhr. Sie kannten auch keine Strcichhölzer. Sie machten Feuer, indem sie Späne spleissten und dann eine Schnur um einen Holzstab rieben, damit Funken in die Späne stieben. Wenn es dann zu rauchen begann, bliesen sie ganz sachte, bis die Flammen hochschossen. Die kleinen Kinder waren meist ganz nackt, sie trugen höchstens mal Windeln aus Blättern und hatten nie ein wundes ‹Fudi›. Die Mütter trugen sie meist auf der Schulter. Das ist eigentlich heute noch so. Auch leben Männer und Frauen in der Gegend bis heute in getrennten Häusern. Die Buben ziehen zu den Männern, wenn sie der Brust entwöhnt sind, die Mädchen bleiben bei den Frauen.»

Wenn Sr. Gaudentia von den Sitten und Traditionen der Einheimischen erzählt, wechselt sie unvermittelt von der Gegenwart in die Vergangenheit und wieder zurück. Das hat durchaus seine Berechtigung, denn sie hat ganz nah erlebt, wie der Einfluss der Aussenwelt das Leben und das soziale Gefüge der Menschen im ländlich geprägten Südlichen Hochland verändert hat. Als sie ankam, war alles noch ursprünglich, was sie keineswegs idealisiert. In den 1980er-Jahren wurde der Einfluss von aussen allmählich spürbar und auf den Fotos, die sie gerne mit mir anschaut, auch sichtbar. Statt der grossen Blätter, welche die Papuas als Regenschutz über sich oder ihre Kinder breiteten, tauchen erstmals Plastikblachen auf. Männer tragen T-Shirts mit Werbeaufdrucken, doch unten herum immer noch die Blätter, die sie jeweils direkt vor dem Haus pflücken.

«Sonntags», so erzählt Sr. Gaudentia, «haben sie jeweils frische Blätter umgelegt und sich mit Öl eingerieben, bevor sie in die Kirche kamen.» Und sie fährt fort: «In den Grundzügen bis heute geblieben ist das Zusammenleben in der Sippe. Die Männer wohnen in niedrigen Männerhäusern, in die man nicht aufrecht hineingehen kann. Es macht Sinn, dass die Häuser niedrig und klein sind, denn dann braucht es weniger Holz, um den Raum aufzuwärmen. Nachts kann es sehr kalt werden. Das Feuer, um das man draussen und drinnen sitzt, ist bis heute sehr wichtig.»

Dann nimmt sie ein Blatt Papier und zeichnet mit schnellen Strichen ein langes Haus mit verschiedenen Eingängen. Sie erzählt dazu: «Die Frauen leben in Langhäusern, die aber unterteilt sind. Jede Frau hat ihren eigenen Eingang, ihr eigenes Feuer und kocht für ihren Mann und ihre Kinder. Der Mann wohnt zusammen mit den grösseren Buben im Männerhaus. Wenn die Frau mit ihrem Mann zusammen sein will, sagt sie zu ihm, wenn sie ihm die Süsskartoffeln bringt: ‹Komm heute Nacht.› Dann gehen sie zusammen irgendwo in den Garten oder in den Busch.» Bei den Papuas ist es bis heute möglich, dass ein Mann mehrere Frauen hat. Sofern er sich das leisten kann. Es kann also sein, dass ein Häuptling eines Stamms zehn oder noch mehr Frauen hat. Was

Sr. Gaudentia an diesem Umstand besonders interessiert, ist die Rolle der Frauen: «Oft ist es eine Frau, die ihrem Mann sagt, er solle eine weitere Frau nehmen. Dann etwa, wenn sie mit den vielen Kindern und dem Garten, den sie besorgt, überfordert ist. Sie sucht dem Mann eine Frau aus, die ihr passt. Schliesslich lebt sie im Frauenhaus sehr nahe mit ihr zusammen. Und wenn der Mann sich nicht danach richtet, wehrt sich die Frau. Das kann so weit gehen, dass sie eine Frau, die der Mann gegen ihren Willen gewählt hat, umbringt. Ein mächtiges Mittel sind auch die Kinder. Sie haben bei den Papuas einen hohen Stellenwert und werden in der Regel von den Frauen liebevoll behandelt. Es sei denn, der Vater benimmt sich nicht gut. Dann kommt es vor, dass die Frauen die Kinder dieses Mannes vernachlässigen. Das ist ihre Waffe.»

Die offizielle Währung in Papua-Neuguinea ist der Kina. Doch war bei der Ankunft der Schwestern Geld nicht gebräuchlich. «In erster Linie waren die Papuas in unserer Region Selbstversorger. Das blieb noch lange so. Wenn sie etwas von ausserhalb brauchten, tauschten sie es. Es gab eine Art Wochenmarkt, auf dem Waren getauscht wurden. Für gewisse Geschäfte bezahlte man auch mit Kina-Muscheln.» Der Name der Geldwährung leitet sich von dieser Muschel ab. Das Brautgeld wird in vielen Stämmen auch heute noch in Form von Muscheln bezahlt. Sr. Gaudentia fährt fort: «Wenn ein Kind stirbt, muss der Mann der Sippe der Frau eine Entschädigung bezahlen. Das tut er oft mit Kina-Muscheln oder mit Schweinen. Reichtum zeigt sich in ländlichen Regionen bis heute an der Anzahl Schweine, die man besitzt. Gegessen werden meist nur Süsskartoffeln, Bananen und Bohnen. Die Süsskartoffeln sind mir mit der Zeit furchtbar verleidet. Proteine nehmen sie in Form von Heuschrecken, Käfern und Würmern zu sich. Wer es sich leisten kann, hält ein paar Schweine, die in den Frauenhäusern leben und auch von den Frauen gewirtet werden. Zum Weiden werden die Tiere in den Busch getrieben.»

Nun blättert Sr. Gaudentia wieder in einem Fotoalbum und zeigt ein Bild, auf dem ein an den Füssen gefesseltes Schweinchen zu sehen ist. Die Frau sei daran, diesem die Hauer zu stutzen, damit es nicht so stark wühlen könne, sollte es versehentlich in die Gärten gelangen. Auch sie habe manchmal einem Schwein die Hauer gestutzt. Für die Tiere sei das eine Tortur, aber es sei einfach nicht anders gegangen, sagt sie entschuldigend, denn die Schweine, die sie auf der Missionsstation hielten, hätten jeweils alles umgeackert. Sie habe es sich nur bei den kleinen getraut. Den Hunden hätten die Einheimischen manchmal die Zähne gezogen, damit sie die Kinder nicht bissen. «Schön ist das nicht, aber ein Hundebiss bedeutete, bevor wir kamen und gegen Tetanus impfen konnten, nicht selten den Tod.»

Wie hatte sie sich denn mit den Einheimischen verständigt? Die Sprachenvielfalt in Papua-Neuguinea ist geradezu legendär, und die vielen Stammessprachen sind nicht zuletzt darauf ausgelegt, dass Aussenstehende sie nicht verstehen. «Zu Beginn sprachen die wenigsten Pidgin-Englisch, mit dem wir uns mit ihnen zu verständigen versuchten. Also taten wir es in der ersten Zeit mit Händen und Füssen oder hatten, wenn immer möglich, einen Dolmetscher zur Seite. Ich lernte auch, ihre Sippenzugehörigkeit anhand des Kopfschmucks oder der Bemalung zu erkennen. Das war sehr nützlich.»

Wenn Sr. Gaudentia von uns seltsam anmutenden Ritualen der Papuas erzählt, psychologisiert oder wertet sie nicht. Sie habe immer versuchen wollen, zu beobachten und zu verstehen. Entsprechend gut kennt sie die Sitten der verschiedenen Stämme. Sie kann vieles bis ins kleinste Detail beschreiben, und wenn sie von den traditionellen Tänzen erzählt, steht sie auf und – ja, wackelt mit dem Hintern.

Die Totenrituale etwa sind sehr unterschiedlich. Sie erzählt vom Stamm der Kutubu, dessen Mitglieder an der Küste leben und die Leichname der Verstorbenen auf eine eigentliche Toteninsel bringen. «Die Papuas in unserer Region kannten dagegen nicht einmal den Einbaum, weil es dort keine Seen und grösseren Flüsse gibt. Wenn bei uns jemand starb, hängten sie ihn an einen Baum und betrauerten ihn, das hiess ‹mornen›. War es ein höher gestellter Mann, blieb er tagelang dort hängen, Frauen wurden schneller heruntergenommen. Dann begruben sie den Leichnam und bauten über dem Grab aus Buschmaterial eine kleine Hütte für seinen oder ihren Geist. Der muss sich ja auch irgendwo aufhalten können. Mit der Zeit waren diese Hüttchen aus Zement und bekamen ein Wellblechdach. Frauen, die in Trauer sind, malen sich ihr Gesicht weiss an und schmücken sich mit weissen Ketten. Später haben die Sippen sogar ihre Autos mit Lehm bestrichen, wenn jemand gestorben war. Ich erinnere mich, dass Sr. Lukas einmal mit dem Auto im Busch unterwegs war, als ein hoher Angehöriger einer in der Nähe lebenden Sippe tödlich verunglückte. Solche Ereignisse führen meist unweigerlich zu blutigen Auseinandersetzungen, und Sr. Lukas war in Gefahr, zwischen die Fronten zu geraten. Da sagten Einheimische zu ihr: ‹Komm, wir malen dein Auto weiss an, dann glauben sie, du seist eine von ihnen.› Sie sind schlau, weisst du, denn es ist ein ständiger Kampf, um zu überleben. Das hat geklappt, Sr. Lukas kam sicher nach Hause.»

Sr. Martine erinnert sich an ihren ersten Besuch in Det. Das war 1972 anlässlich einer Kirchenweihe. «Es war eine mühevolle Reise, zumal ich vorher schon in Tansania zu Besuch war. Von dort flog man über Bombay nach Hongkong oder Manila, dann nach Port Moresby und anschliessend mit einem kleinen Flieger nach Mendi. Von dort aus gings auf holperigen Pisten nach Det. Die Schwestern wohnten in Buschhäusern aus Naturmaterial. Sie waren sehr schön gebaut. In Erinnerungen sind mir aber vor allem die Flöhe; das war fast ein Martyrium. Kaum war man dort, war man voller Flöhe. Ich musste mich zusammennehmen, dass ich nicht andauernd darüber sprach und jammerte, denn es hat mich derart gejuckt. Die Menschen waren freundlich, manchmal richtig anhänglich, und die Frauen arbeiteten schwer. Die Männer dagegen taten nicht viel. Das Leben dort war anstrengend und fordernd, auch für unsere Schwestern. Ich kann verstehen, dass einige von ihnen das nicht allzu lange aushielten und darum baten, zurückkehren zu dürfen. Als ich damals, nach meinem ersten Besuch, in Singapur ins Flugzeug zurück in die Schweiz stieg, dachte ich, dass es das letzte Mal sei, dass ich so etwas tue. Ich hatte genug. Und ging dann doch wieder zurück.»

Nicht nur die Einheimischen waren in den ersten Jahren in Det noch nahezu unberührt von äusseren Einflüssen, auch die Natur war es. Sr. Gaudentia erzählt, wie die Paradiesvögel während der Balz direkt hinter dem Schwesternhaus einen solchen Lärm veranstalteten, dass man unmöglich schlafen konnte. «Es

war schön anzuschauen, wie sich das Männchen wie ein Pfau auf-
plusterte und sich den Weibchen präsentierte. Manchmal waren
fünf oder sechs gleichzeitig auf einem Baum. Ich habe sogar einmal einen auf dem Arm gehabt. Heute sieht man sie kaum noch.»
Eines muss ich noch klären. Sr. Gaudentia spricht von
Buschhäusern, Buschmännern, Buschspital… Ist das nicht abwertend? Sie schaut mich verständnislos an. «Abwertend? Weshalb? Die Menschen leben mitten im Busch. Wir lebten mitten im
Busch. Sie sprechen selbst von Busch. Abgeleitet vom Englischen.
Ein anderes, adäquates Wort kenne ich nicht. Es ist völlig wert-
neutral.» Wir werden es in diesem Sinne verwenden.

INTERMEZZO 1   Papua-Neuguinea

Die Insel Neuguinea ist nach Grönland die zweitgrösste Insel der Erde; Papua-Neuguinea wiederum ist nach Indonesien und Madagaskar der drittgrösste Inselstaat der Welt. Er gehört zum Kontinent Australien und ist Teil des pazifischen Grossraums Melanesien. Klimatisch sind die Unterschiede gross: An der Küste ist es stetig um die dreissig Grad Celsius warm, auch nachts. Im Hochland kann es nachts Frost geben. Die Luftfeuchtigkeit ist hoch, und es regnet oft.

In Europa war Neuguineas Existenz bis ins 16. Jahrhundert unbekannt. Auch danach gab es lange Zeit keine intensiven Kontakte zwischen den Inselbewohnerinnen und -bewohnern und dem Rest der Welt. Lediglich die Küstenregionen wurden regelmässig von Europäern heimgesucht. Der negative Beiklang dieses Verbs ist berechtigt.

Noch um 1960 lebten im Landesinneren Einheimische, die keine Berührung mit der Aussenwelt hatten. Dazu gehörten die Stämme der Region um Det im Südlichen Hochland. Bis 1969 die Baldegger Schwestern dort ankamen, hatten sie vereinzelte weisse Missionare gesehen, weisse Frauen noch nie.

Die Insel ist seit der Kolonialzeit zweigeteilt. Da diese Epoche bis heute Auswirkungen hat, lohnt sich ein kurzer Rückblick: Der Westen der Insel wurde 1828 von den Niederlanden besetzt und zusammen mit den indonesischen Inseln als Niederländisch-Indien bezeichnet. 1963 wurde dieser Teil von Indonesien annektiert. Seither gehört Westneuguinea zu Indonesien, wobei die Verhältnisse bis heute verworren sind. Laut verschiedenen Berichten wurden schätzungsweise mehr als 100 000 Einheimische ermordet und zahlreiche andere verschleppt. Unabhängigkeitsbestrebungen wurden blutig niedergeschlagen.

Der Osten der Insel geriet erst etwas später in den Fokus der europäischen Mächte. Ab den 1860er-Jahren versuchten das Deutsche Reich und Grossbritannien, dieses Gebiet für sich zu gewinnen. 1884 einigten sie sich auf eine Aufteilung: Der Norden wurde unter dem Namen «Kaiser-Wilhelms-Land» deutsches Schutzgebiet, der Süden wurde erst britisches Protektorat, vier Jahre später vom Vereinigten Königreich Grossbritannien und Irland annektiert und als «Britisch-Neuguinea» bezeichnet. Im Osten begann die Mission durch die katholische und die evangelische Kirche, im Süden wurde die anglikanische Kirche verbreitet. Als 1902 Australien unabhängig wurde, ging Britisch-Neuguinea an Australien über.

Gleich zu Beginn des Ersten Weltkriegs besetzten australische Truppen das deutsche Gebiet; nach Kriegsende überliess der Völkerbund die einstige deutsche Kolonie Australien als Mandat. Im Dezember 1941 eroberten japanische Truppen den Nordteil der Insel, und Port Moresby im Süden wurde zeitweise zum Hauptquartier des amerikanischen Generals Douglas MacArthur. Es kam zu heftigen Kämpfen zu See, in der Luft, aber auch im Dschungel. Nach der japanischen Kapitulation nahmen die alliierten Truppen am 13. September 1945 den gesamten Ostteil der Insel Neuguinea ein. Danach wurde Papua-Neuguinea von Australien verwaltet.

Insbesondere in ländlichen Gebieten und im Regenwald wurde die australische Regierung nur am Rande wahrgenommen. Sr. Gaudentia erzählt, wie wenig Ansehen die australischen Regierungsbeamten genossen und auch, wie wenig Einfluss sie nehmen konnten. Es seien vor allem junge Leute, frisch nach Abschluss des Studiums, nach Papua-Neuguinea gekommen, die sich kaum mit den Gegebenheiten dort auskannten und auch nicht bereit waren, sich darauf einzulassen. «Sie waren nicht auf ihre Aufgaben vorbereitet, konnten sich mit den Einheimischen nicht verständigen, liessen sich nicht auf die fremde Kultur ein.» Die Australier versuchten zwar, eine staatliche Administration auf dieses Gebiet zu übertragen, doch scheiterte das auf dem Land schon weitgehend beim Erstellen eines Einwohnerregisters. Sr. Gaudentia erinnert sich: «Bereits das Auftreten dieser Beamten mit ihren Rucksäcken und dem autoritären Gehabe hat die Einheimischen mehr belustigt als eingeschüchtert. Sie haben sich vielleicht vordergründig gefügt, die Besucher aber schlichtweg nicht ernst genommen. Die Einheimischen haben uns manchmal in Theateraufführungen vorgespielt, wie eine solche Visitation durch einen Regierungsbeamten ablief. Dann haben sie sich Kissen unter die Shirts gestopft, um so richtig dick daherzukommen, und sind schwankend herumgelaufen, um zu zeigen, dass die Beamten zu viel getrunken haben. Sie schrien herum und zeigten unter Gelächter, wie sie selbst sich jeweils scheinbar folgsam in Reih und Glied aufstellten.» Andererseits, so betont Sr. Gaudentia, benahmen sich die australischen Beamten durchaus korrekt. Sie waren guten Willens, versuchten auch, die Sippenkämpfe zu stoppen und ein Rechtssystem einzuführen. Doch blieb vieles wirkungslos, weil sich das australische System und die Denkweise nicht einfach auf Papua-Neuguinea übertragen liessen.

1972 wurden erstmals Wahlen abgehalten, und die Bevölkerung stimmte über die Unabhängigkeit ab. Sr. Gaudentia erzählt von der kuriosen Situation, dass die Einheimischen sich gar nicht recht erklären konnten, was denn diese Unabhängigkeit sein sollte, da sie sich ja zuvor gar nicht vom australischen Staat abhängig gefühlt hatten. «Sie kannten nicht einmal ein Wort für Unabhängigkeit», erzählt sie. «Sie sagten statt ‹independent› ‹underpant›, also Unterhose.» Die Kirche habe damals zwar Programme entwickelt, um die Leute aufzuklären, doch stiessen diese auf wenig Interesse. In den ersten Wahlen seien denn auch oft Europäer ins Parlament gewählt worden, nicht etwa aus Hochachtung, sondern aus Gewohnheit: «Die sollten dort für uns reden. Und als die neu gewählten Beamten die Einheimischen aufforderten, den Tag der Unabhängigkeit zu feiern, haben sie zwar ein paar Schweine geschlachtet, doch sie wussten nicht wirklich, weshalb. Es ging ihnen danach ohnehin eher schlechter als besser.»

Im Dezember 1973 wurde Papua-Neuguinea autonom, das Nationalitätszeichen PNG ist seither die gebräuchliche Abkürzung des Landes. Ich werde sie in der Folge auch verwenden. Die Flagge erinnert an die beiden Kolonialmächte: Im oberen, roten Dreieck zeigt sie einen Paradiesvogel, zu Ehren des deutschen Ornithologen Otto Finsch, der als einer der ersten Erforscher der Insel gilt. Das untere Feld zeigt auf schwarzem Grund das Sternbild Kreuz des Südens, wie es auf der australischen Flagge abgebildet ist. Ein weiteres Überbleibsel der australischen Herrschaftszeit ist bis heute geblieben: Das offizielle Staatsoberhaupt ist Königin Elisabeth II. von England, die auch den Titel «Königin von Papua-Neuguinea» trägt. Vertreten wird sie vor Ort durch einen Generalgouverneur. Die Staatsform ist daher eine parlamentarische Monarchie, das Regierungssystem eine parlamentarische Demokratie. Laut dem von der Zeitschrift The Economist seit 2006 in der Regel jährlich errechneten Demokratieindex gilt PNG als «unvollständige Demokratie», vergleichbar etwa mit Mexiko, Singapur oder Tunesien. Allerdings zeigt der Trend in den letzten Jahren abwärts, und PNG liegt nur gerade zwei Plätze vor Albanien, das als Hybridregime eingestuft wird. Als unterste Stufe folgen dann die autoritären Regime. Besonders schlecht schneidet PNG im Bereich politische Teilhabe ab, schlecht bei der politischen Kultur, etwas besser bei den Bürgerrechten.

Das Nationalparlament mit 111 Mitgliedern befindet sich in der Hauptstadt Port Moresby und wird alle fünf Jahre neu gewählt. Parlamentswahlen führen bis heute vor allem in ländlichen Gebieten regelmässig zu schweren Unruhen oder gar Sippenkriegen, wenn etwa ein Stamm die Wahl eines Abgeordneten aus einem anderen Stamm nicht anerkennt. 1989 kam es auf der Insel Bougainville zu einem blutigen Bürgerkrieg, der erst 1997 beigelegt werden konnte. Seither gilt Bougainville als autonome Region. Ende 2019 wurde eine – allerdings nicht bindende – Abstimmung über die vollständige Unabhängigkeit von PNG durchgeführt: 97 Prozent derjenigen, die daran teilnahmen, sprachen sich dafür aus.

Amnesty International berichtet regelmässig über schwere Verletzungen der Menschenrechte, und beim Korruptionswahrnehmungsindex von Transparency International lag PNG 2017 ebenfalls recht weit hinten, auf Platz 137 von 180 Ländern, in der Nachbarschaft von Liberia, Paraguay und Russland. Immerhin zeichnet sich gemäss diesem Rating seit zwei Jahren eine geringfügige Besserung ab.

Die Mehrheit der Bevölkerung sind Papuas, die zu etwa neunzig Prozent im unwegsamen Hochland leben. Weil die einzelnen Stämme so isoliert lebten, entwickelten sich unzählige Sprachen: Nach dem letztmals 2002 aktualisierten «Sprachenalmanach» werden 839 verschiedene Sprachen und Dialekte gesprochen. Es gab ursprünglich auch ähnlich viele Religionen. PNG gehört damit zu den kulturell heterogensten Nationen der Welt.

Amtssprache ist Hiri Motu, das allerdings nur von einem verschwindend kleinen Teil der Bevölkerung beherrscht wird, sowie die Pidgin-Sprache Tok Pisin, auch «Pidgin-Englisch» genannt, und Englisch. Wer, wie die Baldegger Schwestern, ausserhalb der Ämter mit Einheimischen in Kontakt kommt, verständigt sich in der Regel in Pidgin-Englisch.

2018 lebten 8,6 Millionen Menschen in PNG, also etwa gleich viele wie in der Schweiz. Allerdings ist das Land flächenmässig elfmal grösser. Die mit Abstand grösste Stadt, die Hauptstadt Port Moresby, hat nicht einmal so viele Einwohner wie Zürich. Das Land ist fruchtbar, mehr als drei Viertel der Bewohner leben von der Landwirtschaft, allerdings mehr schlecht als recht. PNG zählt nach Ruanda, Bhutan, Nepal und Uganda zu den ländlichsten Staaten der Erde.

Daneben gibt es Arbeit im Bergbau und auf Plantagen, wo vor allem Kaffee, Kopra und Kakao angebaut und Palmöl gewonnen wird. Auch die Holzindustrie ist ein gewichtiger Faktor, allerdings existieren weite Flächen unerschlossenen Buschwalds. Dies weckt Begehrlichkeiten im In- und Ausland, weshalb es immer wieder zu illegalen Abholzungen kommt.

Der Bergbau ist der wichtigste Wirtschaftsfaktor des Landes. Es gibt reiche Gold-, Kupfer- und Chromvorkommen sowie Erdöl und Erdgas. Obwohl das Wirtschaftswachstum mit fast neun Prozent äusserst hoch ist, stagniert der Wohlstand im Land seit den 1990er-Jahren. Konkret heisst das: Die Mehrheit der Bevölkerung ist arm, vierzig Prozent leben unter dem Existenzminimum, damit gehört PNG zu den am wenigsten entwickelten Ländern der Welt. Die Weltbank hatte bereits 2012 von dem Paradox «Reichtum ohne Entwicklung» gesprochen. Beobachter rügen eben diese Weltbank, sie fördere mit ihrem Verhalten die Ausbeutung von Ressourcen durch internationale Investoren. Dies sei in einem Land, in dem die Verwaltung schlecht funktioniere und die Elite, mit der diese Investoren zusammenarbeiten, in erster Linie auf Selbstbereicherung aus ist, verheerend. Dabei laufe das Land Gefahr, zum Spielball anderer Mächte zu werden. Tatsächlich butterte China in den letzten Jahren Millionen Dollar in die Infrastruktur und erhofft sich, oder erwartet vielmehr, erleichterten Zugang zu den reichen, noch nicht erschlossenen Rohstoffvorkommen. 2014 lösten sich staatliche Einnahmen aus dem Bergbau in der Höhe von 3,3 Milliarden Kina, was über 800 Millionen Euro entspricht, in Luft auf. Laut Beobachtern geht etwa die Hälfte des jährlichen Haushalts dem Gemeinwohl verloren. Trotzdem fliessen immer noch Hunderte Millionen Franken Entwicklungsgelder aus Australien nach PNG.

Der Politikwissenschaftler Roland Seib, der sich seit Jahrzehnten intensiv mit dem pazifischen Raum beschäftigt, bezeichnet das Missmanagement bei den öffentlichen Finanzen, Diebstahl, Korruption und Klientelismus als die zentralen Charakteristiken des schwachen Staates. Die staatlichen Institutionen seien weitgehend in den Händen von Clanchefs und damit beherrscht von Partikularinteressen. Die Unterschlagung öffentlicher Gelder sei die Regel. So wurde vor einigen Jahren bekannt, dass im Südlichen Hochland die Einnahmen des Future Generations Fund, der von den Ölfördergesellschaften gespeist wird, geplündert und für Hotelübernachtungen, Automieten, das Chartern von Flugzeugen sowie Zahlungen an Politiker und Verwandte verwendet worden waren. Hinzu kommen massive Umweltschäden durch den Bergbau; so werden vielerorts die giftigen Rückstände des Abbaus ungeklärt in die Flüsse oder ins Meer geleitet. In der Goldmine Porgera etwa, die auf eimit sozialen und politischen Schwierigkeiten verbunden. Die Kriminalitätsrate ist sehr hoch.» Seit den Parlamentswahlen 2017 ist die politische und die soziale Lage zunehmend angespannt. Besondere Vorsicht gilt in den Hochlandprovinzen, also dort, wo die Baldegger Schwestern tätig sind.

Sr. Gaudentia verfasste 2010 im Auftrag des «Church Partnership Program» einen Bericht über die Zusammenarbeit der kirchlichen und staatlichen Institutionen im Bereich der Gesundheitsversorgung. Dieser enthält einen Katalog von Forderungen, welcher mit dem Aufruf endet: «We need good governance.» Wir brauchen eine gute Regierung.

nem Hochplateau mitten im Regenwald liegt, werden täglich 22 000 Tonnen Rückstände in die umliegenden Flüsse gekippt. Sie wird vom grössten Goldbergbau-Unternehmen der Welt betrieben, der Barrick Gold Corporation mit Sitz in Toronto. Eine Umweltaufsicht der Minen existiert nicht.

Der Tourismus ist trotz abwechslungsreicher Landschaft und guten klimatischen Bedingungen schwach entwickelt, was mit der unsicheren Lage und der schlechten Infrastruktur zu tun hat. Das Auswärtige Amt der Schweiz, das EDA, leitet seine Einschätzung über PNG mit folgenden Hinweisen ein: «Bei Reisen nach Papua-Neuguinea ist der persönlichen Sicherheit grosse Aufmerksamkeit zu schenken. Viele Stammesgruppen lebten bis vor Kurzem isoliert und waren teilweise verfeindet. Ihr Zusammentreffen in einem modernen Staat ist

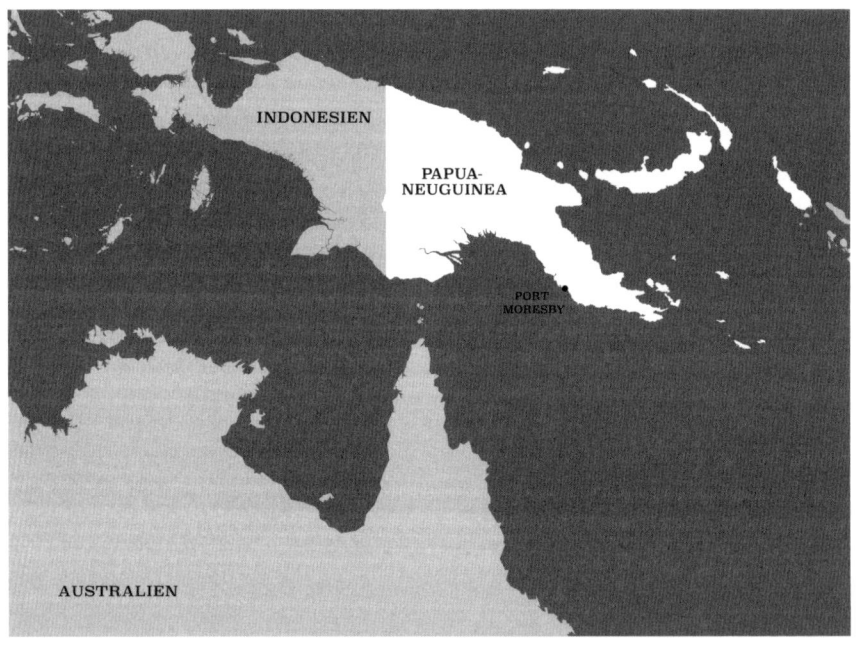

Zweigeteiltes Papua-Neuguinea, indonesischer und unabhängiger Teil

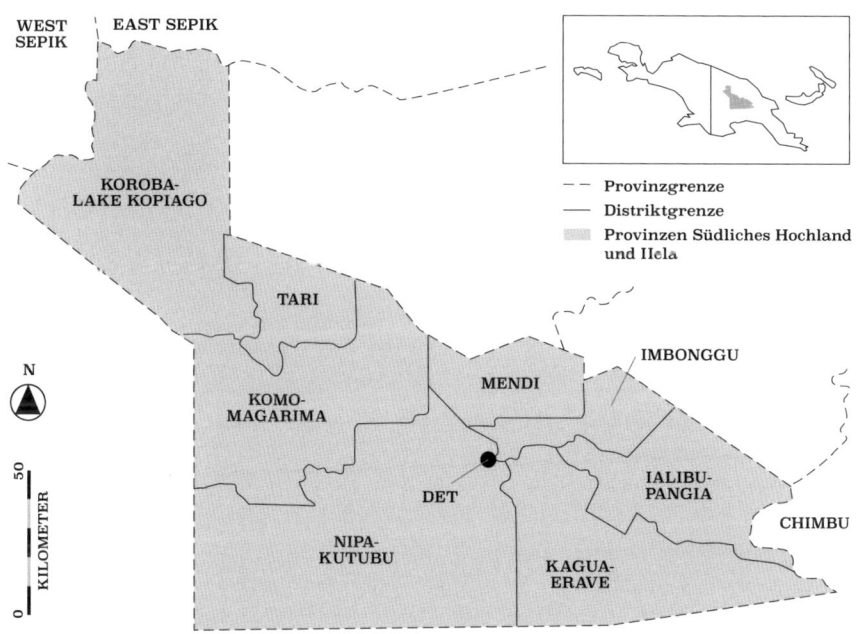

WEST
SEPIK

EAST SEPIK

KOROBA-
LAKE KOPIAGO

TARI

N

50

KILOMETER

0

KOMO-
MAGARIMA

MENDI

IMBONGGU

DET

IALIBU-
PANGIA

CHIMBU

NIPA-
KUTUBU

KAGUA-
ERAVE

--- Provinzgrenze
— Distriktgrenze
▨ Provinzen Südliches Hochland
und Hela

Provinz Südliches Hochland (inklusive Provinz Hela)

1939 bis 1961

Kindheit, Jugend, Familie

Geschwistertreffen in Hertenstein

Hertenstein gehört zu Weggis und ragt als Halbinsel in den Vierwaldstättersee. Auf dem Schiff, das mich von Luzern in vierzig Minuten nach Hertenstein bringt, reisen an diesem Dienstagnachmittag im Mai 2018 vor allem asiatische Reisegruppen und ein paar Rentnerinnen und Rentner. Es ist sonnig und warm, doch über dem Pilatus türmen sich Quellwolken auf. Von der Schiffländе in Hertenstein führt ein Wanderweg über grüne Wiesen zum Jugendstilgebäude, das als Höheres Töchterinstitut gebaut und 1916 von den Baldegger Schwestern übernommen wurde. Seit 1995 betreibt das Kloster dort das Bildungshaus Stella Matutina mit Hotelbetrieb.

Die Halbinsel ist paradiesisch schön, was einst auch dem bayrischen König Ludwig II. nicht entgangen war. Um 1870 plante er in dieser Gegend den Bau eines Lustschlosses in einem Park mit Pagoden, künstlichen Grotten und halb zerfallenen Tempeln. Die Pläne zerschlugen sich. Zum Glück, denkt man an die Touristenmassen, welche andere Anlagen wie Neuschwanstein oder Herrenchiemsee des als Märchenkönig verklärten Monarchen fluten. Auf dem gut viertelstündigen Spaziergang von der Schiffländе zum Bildungshaus begegnen mir nur ein männlicher Pfau, der mich gehässig anzischt, dann eine quirlige Kinderschar auf Schulreise. Kuhglocken und das Zirpen von Grillen begleiten mich, und über mir kreisen zwei Milane.

Sr. Gaudentia erwartet mich und ihre Geschwister Annemarie, Alfons und José, die mit dem Auto anreisen, schon auf dem Weg zum etwas höher gelegenen Gebäude. Die Begrüssung unter den Geschwistern fällt herzlich, aber nur mit Händedruck aus. Dann organisiert Sr. Gaudentia in Windeseile Kaffee und Dessert, ihre Schwester Annemarie hat Linzertörtchen und Bretzeli mitgebracht, José nennt das eine «typische Meier'sche Versorgung mit Süssigkeiten». Dann erzählen sie von früher.

Von früher

Dass ihre fünf Jahre jüngere Schwester einmal Klosterfrau würde, hätte Annemarie Schmid-Meier nie gedacht. «Ich war eindeu-
tig frommer», sagt die zierliche Frau. Margrith, wie Sr. Gaudentia
vor dem Eintritt in den Orden hiess, sei auch nicht im Kirchenchor
gewesen, wie das damals für Frauen im Dorf doch ziemlich üblich
war. Die Angesprochene nickt und sagt dann: «Ich kann nicht
gut singen, nur laut.» Der jüngere Bruder José fügt hinzu: «Dass
Margrith eine Schwester wird, konnte ich mir schon vorstellen,
eine Krankenschwester, aber doch nicht eine Ordensschwester!»
Ich sitze mit den vier der insgesamt acht Geschwister in Hertenstein. Wir haben uns verabredet, weil ich wissen wollte, wie es
dazu kam, dass die gar nicht so fromme Margrith zu Sr. Gaudentia
wurde, wie sie als Kind war, wie die Familie sie prägte.

Margrith ist das vierte von acht Kindern, die auf einem Bauernhof im kleinen Freiämter Dorf Waltenschwil aufgewachsen
sind: Der älteste, Albert, von den Geschwistern früher «Bärtu»
genannt, ist 1933 geboren, es folgten Annemarie und dann Alfons,
der mit acht Monaten an Kinderlähmung erkrankte, die nie vollständig ausheilte. 1939 kam Margrith zur Welt, drei Jahre später
Hans, der 2012 gestorben ist. Dann kamen «die drei Kleinen», wie
sie Annemarie und Sr. Gaudentia heute noch nennen: Josef, der
heute «José» genannt wird, Ruedi und schliesslich, 1951, Lisbeth.

Waltenschwil hatte bis in die 1960er-Jahre rund 700 Einwohnerinnen und Einwohner und erlebte dann einen Wachstums-
schub. Heute leben viermal mehr Menschen dort. Aus dem ehemaligen Bauerndorf ist ein immer noch ländlich geprägter Vorort von
Wohlen geworden, und das Meier'sche Elternhaus, mitten im Dorf
gelegen, ist vor rund zwanzig Jahren einem Restaurant gewichen.
Über die Ortschaft hinaus bekannt ist die Kartbahn direkt an der
Bahnlinie, ein kleiner Tierpark am Waldrand, der von Mythen
umrankte Erdmannlistein und die Schokoladenfirma Dubler.

Der Bauernhof der Meiers war mit seinem Dutzend Kühe,
einigen Schweinen und Hühnern ein mittelgrosser Betrieb, zumal recht viel Land dazugehörte. «Damals betrieben die meisten
Landwirte in erster Linie Ackerbau, nicht Viehzucht», sagt José

Meier. Auf dem Hof wohnten allerdings nicht nur Albert und Anna Meier-Sennrich mit ihren acht Kindern, sondern auch der Grossvater und ein lediger Onkel, der älteste Bruder des Vaters. Der Grossvater konnte sich lange nicht entscheiden, den Hof definitiv seinem Sohn Albert zu übergeben, der diesen faktisch schon bewirtschaftete, was die Beziehung zwischen ihnen nicht einfacher machte.

Meiers waren weitgehend Selbstversorger. Anfang Frühling und im November wurde jeweils ein Schwein geschlachtet, dann gab es eine Weile genügend Fleisch. Jeweils kurz vor Weihnachten kam ein Paket eines Onkels aus Bern, Margriths Götti. Er betrieb ein Import/Export-Geschäft mit Kolonialwaren. «Damals hatten wir die ersten Mandarinen», erinnert sich Alfons Meier. «Und Erdnüsse, die spanischen Nüssli», ergänzt Sr. Gaudentia. «Und Bananen», sagt José. Allerdings habe es nie für alle gereicht.

Der Hof sei immer voller Kinder gewesen, erzählen sie weiter. Da die Liegenschaft direkt neben der Schule lag, wurde sie quasi zum Pausenplatz des ganzen Dorfs. Sr. Gaudentia erzählt, dass sie sich jeweils in der Pause kurz den Eltern zeigen mussten, um zu beweisen, dass sie sich im Unterricht anständig benommen hatten und nicht zum Nachsitzen verdonnert wurden. «Nachhocke», sagt sie. Da sich also alle Dorfkinder auf dem Meier'schen Hof gut auskannten, waren sie auch in der Freizeit oft dort.

Nur jeweils am Samstagabend suchten alle das Weite, denn dann war Waschtag. Annemarie erzählt, wie sie die Kleinen in der Küche badete und ihnen die Haare wusch. «Ruedi und Hans schrien bereits Zetermordio, bevor auch nur ein Tropfen Wasser in ihre Nähe kam.» Eine Nachbarin fragte einmal beunruhigt, was sie denn am Samstagabend Schreckliches treiben würden … «Das Wasser war nie unser Element», bestätigt Sr. Gaudentia. «Wir plumpsten höchstens mal in die Bünz und waren dann aber schnell wieder draussen.» So lernten die Geschwister Meier, wenn überhaupt, erst spät schwimmen.

Das Gespräch der vier Geschwister in Hertenstein zeugt von einer tiefen Vertrautheit und Verbundenheit untereinander. Aber auch davon, dass man es in der Familie nicht gewohnt ist, viele Worte zu verlieren. Schon gar nicht über Emotionen. Auch nostalgisch sind Meiers nicht veranlagt, was sich etwa darin zeigt, dass nur wenige Fotos die Zeit überdauert haben.

Eines zeigt die etwa zweijährige Margrith mit weisser Masche im Haar, in weissem Kleidchen und wollenen Strumpfhosen mit übereinandergeschlagenen Beinchen auf einem gemusterten Kissen sitzend. Es wurde wohl in einem Fotostudio aufgenommen. Margrith schaut eher missmutig drein, sie mochte es offensichtlich nicht, so herausgeputzt still zu sitzen. Fröhlicher sieht sie auf einem anderen Bild aus, auf dem sie, etwa fünfjährig, einen kleinen Buben, Hans oder ein Ferienkind, im Arm hält. Ein weiteres Bild zeigt sie als Neunjährige am Jugendfest in der Freiämter Festtagstracht. «Ich war ein relativ dickes Kleinkind und ein kräftiges Mädchen», erzählt sie vollkommen uneitel. Und sie sei sehr froh gewesen, habe Annemarie der Mutter im Haushalt geholfen, so habe sie dem Vater auf dem Feld zur Hand gehen können. «Das mochte ich sehr viel lieber.» Da durfte sie den Traktor steuern, während der Vater Gras oder Heu auf den Wagen lud. Sie durfte die Mähmaschine führen, half beim Garbenbinden und Kartoffelnauflesen, der mühsamsten Arbeit, wie sie sagt. Und sie konnte zuschauen, wie die Brüder stockende Motoren wieder zum Laufen brachten.

Die Kriegszeit verlief bei Meiers in geordneteren Bahnen als anderswo, da der Vater keinen Militärdienst leisten musste. Er hatte als Bub, beim Flobertschiessen mit anderen Knaben, versehentlich einen Beinschuss abbekommen. Die Kugel blieb im Knochen stecken und wurde erst bei der militärischen Tauglichkeitsprüfung wieder entdeckt. Deshalb erklärte man ihn als dienstuntauglich. So konnte er während des Zweiten Weltkriegs auf dem Hof bleiben und mit seiner Frau und den Kindern den Betrieb weiterführen. «Der Vater war allerdings nicht der geborene Bauer», sagt Annemarie. «Wohl auch deshalb, weil er sich vor Pferden fürchtete.» Sie lächelt. Er habe auch vor Kühen einen Heidenrespekt gehabt. Vater Meier war im Herzen eigentlich eher Automechaniker oder Motorenbauer als Landwirt. So waren die Meiers weitherum die erste Bauernfamilie, die einen Traktor hatte. «Einen Neuhaus-Autotraktor», erklärt Alfons. «Die ersten Traktoren waren eigentlich umgebaute Autos.» Dieses Interesse für Motoren, ja eigentlich war es eine Leidenschaft, übertrug sich auf die Kinder. Alfons und Hans bastelten als Jugendliche in ihrer Freizeit unentwegt an Motorrädern und Töffli herum. «An Vespas», wie Alfons präzisiert. «Fünf Vespas hatten wir.»

Es ist daher nicht verwunderlich, dass schliesslich niemand den Bauernhof übernahm. Alle Jungen waren sehr interessiert an Motoren. Und verspürten auch eine gewisse Abenteuerlust. Alfons wurde Baggerführer und fuhr riesige Baumaschinen. Hans, der zwar die landwirtschaftliche Schule besucht hatte, führte ein Carunternehmen in Wohlen, Ruedi Meier gründete 1970 in Arlesheim BL eine Transportfirma, später kamen Carreisen dazu. Und der Älteste, Albert, ging schon als 19-Jähriger als Maschinenschlosser für Montagearbeiten nach Südafrika. Danach besuchte er das Technikum, wurde Maschineningenieur und lebte mit seiner Familie eine Zeit lang in Brasilien, wo er in São Paulo eine Tochterfirma der BBC leitete. Als die älteste Tochter in die Schule kam, kehrten sie in die Schweiz zurück. Zwei der «Kleinen» schlugen in der Beziehung etwas aus der Art: José studierte und wurde Bezirkslehrer, Lisbeth wurde Modistin, führt aber heute mit ihrem Mann ein Karosserieunternehmen.

Auch Margrith kam diese Affinität für Motoren und Autos in ihrem späteren Leben als Sr. Gaudentia öfters zugute. Zum Beispiel beim Betrieb eines kleinen Elektrizitätswerks in der ersten Missionsstation: Wusste sie nicht mehr weiter, rief sie ihren Bruder Albert an, und dieser gab ihr einen Rat oder organisierte die fehlenden Teile. Oder ein Lastwagen gab im sumpfigen Gelände irgendwo weitab der Zivilisation im Busch von Papua-Neuguinea den Geist auf: Sie erinnert sich an einen australischen Regierungsbeamten, der seinen Wagen abbremste, als er die Schwester sah, die am Pistenrand versuchte, ihren streikenden Wagen zu reparieren. Er gab ihr einige Tipps. «Habe ich alles schon gemacht», antwortet Sr. Gaudentia. Worauf er achselzuckend wieder in seinen Wagen stieg und weiterfuhr. «Ich habe dann das Auto schon wieder zum Laufen gebracht.»

Ein traumatischer Einschnitt in der Familiengeschichte war die schwere Erkrankung des Vaters im Jahr 1948. Er war noch nicht vierzig Jahre alt, als bei ihm eine Hirnhautentzündung ausbrach. Man hatte ihn schon aufgegeben, da erinnerte sich ein Arzt in Wohlen, dass man in «Zürich unten» ein Medikament gegen Meningitis einsetzte, das erst seit Kurzem erlaubt war: Penicillin. Der Vater wurde damit behandelt und genas, doch ganz der Alte war er danach nicht mehr. «Früher hatte er ein fröhliches Naturell, danach war er stiller und grübelte mehr», sagt Sr. Gaudentia.

Die Krankheit des Vaters brachte es mit sich, dass die Kinder noch mehr im Betrieb eingespannt wurden. Der älteste Sohn, Albert, erst 15-jährig, musste die Schule unterbrechen und zusammen mit der Mutter die Verantwortung für den Hof übernehmen. Die 14-jährige Annemarie half noch mehr im Haushalt. Sr. Gaudentia, die damals neun Jahre alt war, fügt an: «Wir haben uns als Kinder oft selbst organisiert.»

José sagt in Richtung seiner beiden älteren Schwestern: «Heute tut es mir leid, dass ihr so viel für uns Kleinen arbeiten musstet.» Sr. Gaudentia sagt: «Vor allem Annemarie, ich weniger. Sie ersetzte euch manchmal richtiggehend die Mutter.» Dafür habe er ihr jeweils das Bett aufwärmen müssen, erzählt José. «Ich schlüpfte in ihr kaltes Bett, schlief ein und wärmte es auf. Später kam sie und trug mich in mein eigenes Bett.» Annemarie lacht und sagt nur: «Es sind ja alle gut herausgekommen.» Das Einzige, was sie bis heute bedaure, sie zuweilen auch plage, sei, dass sie die Bezirksschule nicht habe besuchen dürfen – obwohl der Lehrer dreimal die Eltern besucht habe, um sie zu überreden, die älteste Tochter in die höhere Schule zu schicken. «Das nützte nichts, ich wurde zu Hause im Haushalt gebraucht.» Sie arbeitete nach der Sekundarschule, wie ihr Bruder Alfons, von morgens um 5 bis 13 Uhr in der Strohfabrik in Wohlen, und danach ging sie der Mutter daheim beim Haushalt zur Hand. «Wenn ich waschen musste, war ich froh, wenn der Vater den Ofen bereits eingeheizt hatte.»

Bitter wirkt Annemarie nicht, wenn sie das erzählt. Auch habe sie keinerlei Groll verspürt, als dann die Jüngere, Margrith, die Sekundarschule habe besuchen dürfen. «Die Umstände liessen es bei ihr einfach zu.» Abends sei dann aber auch noch Zeit gewesen, «uf d'Gass z'gha», wie sie, zu ihrem Bruder Alfons schauend, erzählt. Sie sei oft mit Alfons unterwegs gewesen, im Ausgang in

Bremgarten. Und wenn sie zu spät nach Hause kamen, liess der Onkel sie bei sich in die Kammer schlüpfen, damit es die Eltern nicht bemerkten. Manchmal sei sie auch mit einer Freundin am Samstag die fast dreissig Kilometer mit dem Fahrrad nach Zürich gefahren, um im Kleiderladen Feldpausch einzukaufen. 1960 heiratete Annemarie, zog nach Luzern und bekam vier Kinder. Später führte sie zusammen mit ihrem Mann ein Elektrogeschäft in Dottikon.

Ich frage: «Nach wem kommt denn Sr. Gaudentia?» Wie aus der Pistole geschossen, antworten alle: «Nach der Mutter.» Beide hätten gerne bestimmt, wo es langging, sagt Annemarie, die von sich selbst sagt, sie sei eher der Vater. «Die Mutter mochte es gar nicht, wenn man ihr widersprach. Und Margrith hatte schon immer ihren eigenen Kopf.» Deshalb war ihre Beziehung zur Mutter früher nicht unbedingt eng. «Wir sind uns aber später, als ich im Spital arbeitete, sehr nahegekommen», sagt Sr. Gaudentia. «Sie hat sich stark für meine Erlebnisse in Papua-Neuguinea interessiert. Einmal, als ich ihr erzählte, wie bescheiden, oft ärmlich, die Menschen dort leben, hat sie nachdenklich gesagt, das sei bei ihr früher gar nicht so anders gewesen.» Anna Sennrich hatte ihre Mutter früh verloren und wurde danach in verschiedenen Familien untergebracht. Nicht überall war man gut zu ihr.

Man könne die acht Geschwister leicht in zwei Gruppen einteilen, sagt José: in Vater-Kinder und in Mutter-Kinder. «Die Mutter-Kinder kamen besser mit dem Vater aus, die Vater-Kinder mit der Mutter.» Annemarie nickt.

Im Laufe dieses Gesprächs in Hertenstein entsteht das Bild einer Kindheit und Jugend, in der es in erster Linie darum ging, dass die Gemeinschaft, eben die Familie, über die Runden kam. Individuelle Bedürfnisse fanden nur dann Platz, wenn sie dieses Gefüge nicht störten. So war das Leben damals wohl in vielen Bauernfamilien. «Wir haben viel voneinander gelernt», sagt Sr. Gaudentia zum Schluss. Alfons fügt hinzu: «Aber wir mussten uns immer nach oben orientieren, um mit den anderen mithalten zu können.»

«Ich werde Krankenschwester»

Sr. Gaudentia erzählt: «Als ich 14- oder 15-jährig war, dachte ich immerfort darüber nach, was ich nach der Schule machen sollte. Das plagte mich, ich wusste einfach nicht, was aus mir werden sollte. Dann, im letzten Schuljahr, hatte ich eine Blinddarmentzündung und musste ins Spital. Da besuchte mich meine Handarbeitslehrerin, und als sie so bei mir am Bett sass, sagte sie plötzlich: ‹Du würdest eigentlich eine gute Krankenschwester abgeben.› Von da an war für mich absolut klar, dass ich Krankenschwester werden wollte. Ich arbeitete danach noch in einer Bäckerei im Nachbardorf, was mir durchaus zusagte. Ich backe heute noch gern. Und dort interessierte sich auch ein junger Mann für mich, der sympathisch war. Aber das alles war für mich zweitrangig. Ich wich keinen Augenblick von meinem Ziel ab: Ich will Krankenschwester werden.»

Allerdings musste man damals 19 Jahre alt sein, um die Ausbildung zur Krankenpflegerin beginnen zu können. Deshalb ging sie, wie das damals häufig der Fall war, für ein Jahr ins Welschland, um Französisch zu lernen. Sie fand eine Anstellung in einem Kinderheim, etwas ausserhalb von Genf. Gut Französisch habe sie aber nicht gelernt, weil sie sich mit einem Mädchen aus Zürich angefreundet habe. «Es hat mir trotzdem sehr gut gefallen», sagt sie. Nach einem Jahr hätte sie eigentlich heimkehren sollen, damit ihre ältere Schwester ihr Welschlandjahr hätte antreten können. Weil diese nicht wollte, beschloss sie auf eigene Faust, noch ein Jahr anzuhängen. Annemarie war ihr dabei behilflich, eine neue Stelle zu suchen. Sie wurden schnell fündig: In einem Inserat in der *Glückspost* suchte eine «Madame» mit zwei erwachsenen Kindern eine junge Frau, die ihr im Haushalt helfen würde.

«Als ich am neuen Ort ankam, sagte sie mir kurz, was ich zu tun hatte, und verschwand dann. Ich war den lieben, langen Tag allein, wusch, bügelte Wäsche und putzte. Ich sah keine Menschenseele. Abends musste ich auch alleine zu Abend essen. Mir war sofort klar, dass ich das nicht wollte. Als die Madame mich nach meinem Heimatschein fragte, um mich anzumelden, gab ich ihr eine ausweichende Antwort. Bereits am nächsten Tag sah ich eine offene Stelle in einer Bäckerei in der Nähe des Bahnhofs Genf. Ich ging hin, die Bäckersfrau war einverstanden, und ich sagte, ich würde gleich morgen beginnen. Dann rief ich Annemarie an und fragte, wie ich mich verhalten solle. Sie riet mir, einen Zettel mit dem Hinweis, ich sei verreist und man solle mich nicht suchen, zu hinterlassen, wenn die Madame aus dem Haus sei. Genau so machte ich es, ich warf den Schlüssel in den Briefkasten und ging. Der neuen Madame in der Bäckerei erzählte ich, dass ich am alten Ort weggelaufen sei. Sie störte das nicht. Und von der ersten Madame hörte ich nichts mehr.»

Die Arbeit in der Bäckerei gefiel ihr, hier hatte sie Kontakt mit Menschen, und die «Herrschaft» war nett und grosszügig. Wenn jeweils am Sonntagnachmittag etwas übrig blieb, durfte sie es mitnehmen. «Ich habe das dann gut verpackt am Sonntagabend mit der Bahnpost heimgeschickt.» Diese Pakete aus Genf waren in Waltenschwil sehr willkommen – auch später, als sie schon im Spital arbeitete, seien vor allem auf der Nachtwache oft Lebensmittel übrig gewesen. «Ich machte, wenn immer möglich, Fresspäckli für José, der damals im Internat in Nuolen war.»

1958 war es dann so weit. Sie konnte mit der Lehre als Krankenpflegerin beginnen. Sie entschied sich für die Pflegerinnenschule in Sursee. Dort unterrichteten Baldegger Schwestern.

1961 bis 1969

Im Kloster

Krankenschwester oder Ordensschwester?

Die Ausbildung zur Krankenpflegerin in Sursee ging unaufgeregt vonstatten. Margrith war eine gute und verlässliche Schwesternschülerin, absolvierte Praktika in Aarau, Olten und Basel und kam an den Wochenenden, wann immer es möglich war, nach Hause, um auf dem Hof zu helfen; am liebsten tat sie das beim Vater, draussen auf dem Feld. Das lag ihr mehr als das Haushalten oder Stricken. Wenn sie zusammen mit Schwester Annemarie für die kleinen Geschwister Pullover, Strumpfhosen oder Socken stricken musste, bekam sie immer die einfachen Arbeiten zugeteilt. «Weil sie so wütend wurde, wenn sie wegen eines Fehlers etwas wieder auftrennen musste», erzählt Annemarie.

Margrith schloss die Lehre ab und arbeitete dann eine Weile im Spital Sursee, um Geld zu verdienen. «Damit ich den Eltern etwas abgeben konnte. Sie hatten ja auch immer gut für mich gesorgt.» Doch mit der Zeit schien ihr dieser Alltag etwas öde. «Ich war jetzt zwar Krankenschwester, aber ich dachte, dass ich mehr aus meinem Leben machen sollte.» Als sie solche Gedanken wälzte, waren Ordensschwestern der Missionsstation in Tansania in Sursee. Sie erzählten von ihrem Leben dort. «Da wusste ich: So etwas möchte ich machen.» Doch dafür müsste sie ins Kloster eintreten.

Sie ging also nicht aus religiösen Gründen ins Kloster? Sr. Gaudentia scheint diese Frage nicht im Geringsten zu irritieren. Sie lacht und sagt: «Ich glaube, ich bin nicht besonders fromm gewesen.» Aber sie habe schon als kleines Mädchen liebend gern in den Missionsheftchen geblättert und gelesen. «Ich habe dann etwas gespürt, das ich heute als Fernweh bezeichnen würde. Ich wusste einfach, dass ich einmal weit weg wollte. Sehr weit weg.» Schon während des Postulats, des Zeitraums, in dem man das Leben in der Ordensgemeinschaft kennenlernt, bevor man sich fest verpflichtet, bewarb sie sich schriftlich für die Mission. Den Geschwistern zu Hause, die bei der Eröffnung, dass sie in einen Orden eintreten werde, zuerst etwas erstaunt waren, sagte sie: «Ich werde keine Betschwester, auch wenn ich im Kloster bin. Ich gehe in die Mission.» Und als der kleine Bruder José nachfragte, wie denn das gehe, in ein Kloster einzutreten und doch keine

Betschwester zu sein, antwortete sie: «Ich bete schon gern, aber indem ich etwas tue.»

Die Mutter habe zu ihrem Vorhaben nicht viel gesagt. «Der Vater aber war schon nachdenklich, doch sagte er, ich müsse selbst wissen, was für mich gut sei. Ich habe aber gemerkt, dass es ihn beschäftigte. Und als ich das erste Mal aus dem Kloster heimkam, stellte er mir einen schönen Blumenstrauss ins Zimmer.»

Sie bete schon gern, aber indem sie etwas tue, erklärte Sr. Gaudentia ihrem kleinen Bruder. Besser lässt sich eigentlich kaum für ein Kind übertragen, wozu Kardinal Kurt Koch fünfzig Jahre später in seiner Predigt zur Goldenen Profess in der Institutskirche aufforderte: «Wir sollen unseren Glauben mit dem Leben bezeugen.»

Profess, Hebamme und ein Schicksalsschlag

Sr. Martine Rosenberg war eine der Ordensschwestern, welche mit Sr. Gaudentia Goldene Profess feierte. Die beiden leben also seit über fünfzig Jahren in derselben Gemeinschaft, doch ihre Aufgaben sind grundverschieden. Das begann bereits beim Entscheid, Ordensfrau zu werden. Sr. Gaudentias hauptsächlicher Beweggrund war zweifellos der Wunsch, in die Mission zu gehen. Sr. Martine wurde Klosterfrau, weil sie sich mit grosser innerer Gewissheit dazu berufen fühlte. «Aus Liebe zu Gott und zu den Menschen.» Sie war in einem religiösen, aber auch sehr politischen Umfeld aufgewachsen. Ihr Vater war Generalsekretär der Konservativ-Christlichsozialen Volkspartei (KCV), die sich seit 1970 «Christlich-demokratische Volkspartei» (CVP) nennt. Und er war Bundesstadtredaktor bei der katholischen Luzerner Tageszeitung *Vaterland*. Sie hatte in Baldegg die Handelsschule besucht und arbeitete danach vier Jahre auf dem Generalsekretariat der KCV in Bern.

Sr. Martine wirkt sehr agil, geradezu jugendlich. Sie schaukelt auf ihrem Stuhl, und ihre Hände sind selten ruhig, wenn sie spricht. Sie rückt die fein gefasste Brille zurecht, schiebt sich eine Haarsträhne unter den Schleier oder spielt unbewusst mit dem kleinen Aufnahmegerät, das ich vor sie auf den Tisch gelegt habe, was mich etwas nervös macht. Das registriert sie sofort. Sie schaut mich mit ihren hellen, blauen Augen an, realisiert dann, weshalb ich unruhig geworden bin, und legt das Gerät mit einem entschuldigenden Lächeln hin. Sie habe lange hin und her überlegt, wie sie ihren Eltern am schonendsten beibringen könnte, dass sie ins Kloster eintreten wolle, erzählt sie mit einem fröhlichen Lachen. Schliesslich habe sie gesagt, sie wolle in die Mission. «Das klang für sie weniger verrückt, als wenn ich gesagt hätte, ich wolle ins Kloster.»

Sie trat im November 1961 in Baldegg die Vorbereitung auf das Klosterleben an und traf dort unter anderen auf Sr. Gaudentia. Diese hatte einige Monate zuvor das Postulat begonnen.

Sr. Martine erinnert sich: «Wir waren eine grosse Gruppe von Neulingen, zwei Dutzend von Herkunft, Werdegang und Temperament sehr unterschiedliche junge Frauen. Sr. Gaudentia war darin ein ruhender Pol. Sie wirkte reifer als viele von uns, war immer sachlich, drängte sich nicht in den Vordergrund. Sie redete nicht viel, man hatte nie das Gefühl, sie habe Probleme oder tue sich schwer mit etwas. Sie machte auch nie fromme Sprüche. Gar nicht.»

Am 3. September 1963 legten Sr. Martine und Sr. Gaudentia zusammen mit weiteren 22 jungen Frauen die Profess ab. Damit verbunden ist das Ablegen der Gelübde Armut, Keuschheit und Gehorsam. Sie habe sich gut überlegt, ob sie dem nachkommen könne, sagt Sr. Gaudentia. «Halbe Sachen gibt es da nicht. Armut hat mich nie gestört, solange es für das Nötigste reichte. Nach dem Krieg hatten wir auf unserem Bauernbetrieb nicht viel. Die anderen Leute im Dorf auch nicht. Keuschheit? Da war mir mein Wunsch, in die Mission zu gehen, wichtiger. Kinder mag ich sehr gerne, aber es müssen nicht eigene sein. Am ehesten Mühe hatte ich mit dem Gehorsam. Ich war doch immerhin schon 22 Jahre alt, hatte selbstständig in einem Beruf gearbeitet, und jetzt musste ich mich einem anderen System unterordnen.»

Das Kloster pflegte jeweils mit seinen Schwestern eine Standort- und Berufsplanung zu machen, in der neben deren Begabungen und Wünschen auch die Bedürfnisse der Gemeinschaft ein wichtiger Faktor waren. Sr. Gaudentia entschied sich damals, in Absprache mit der Klosterleitung, sich für eine Zusatzausbildung als Hebamme anzumelden. Sr. Martine holte erst die Handelsmatura nach, danach schloss sie in Freiburg i. Ü. das Studium in Wirtschafts- und Sozialwissenschaften ab. Sie hätte zwar lieber Geschichte und Sprache studiert, erzählt sie. Doch war sie als Lehrerin für die Handelsschule in der klostereigenen Internatsschule Salve Regina in Bourguillon vorgesehen, die sie dann ab 1968 auch leitete. Ein Jahr später wählte man sie zur Assistentin der Vorsteherin der Baldegger Schwestern, im August 1981 wurde sie selbst Generaloberin, «Frau Mutter» genannt. In dieser Funktion hatte sie viel mit den Missionarinnen zu tun. So besuchte sie ihre Mitschwester Gaudentia achtmal in Papua-Neuguinea. Seit dem Ende ihrer Amtszeit 1999 betreut Sr. Martine das Missionssekretariat in Baldegg.

Es sei damals der Wunsch vieler Schwestern gewesen, in die Mission zu gehen, erzählt Sr. Martine. Sie hätte sich das auch für sich vorstellen können. «Doch war es für mich ganz klar nicht der Grund, weshalb ich Baldegger Schwester wurde. Ich dachte mir: Wenn sie mich schicken, gehe ich gerne, wenn nicht, ist es auch gut.» In den 1960er-Jahren konnten nicht alle Schwestern in die Mission gehen, die dies wollten. Die Vorsteherschaft des Klosters habe sich gut überlegt, wer sich eigne und wer eher nicht. Und manche brauchte man einfach auch unbedingt zu Hause. Sr. Gaudentia erhielt die Zusage aber schnell.

«Für sie war der Wunsch, Missionarin zu werden, ein starker Beweggrund für den Klostereintritt gewesen», erinnert sich Sr. Martine. «Nicht der einzige natürlich, sonst wäre sie gar nicht aufgenommen worden.» Sie sei von ihrem Naturell her auch ausgezeichnet für diese Aufgabe geeignet. «Sie ist beruflich äusserst tüchtig, besonnen und sachlich. Sie ist geistig sehr wach, ist wirklich intelligent, hat ein ausgezeichnetes Gedächtnis, und sie ist begierig, immer wieder Neues zu lernen. Auch gelingt es ihr, komplizierte Dinge einfach zu erklären.» All das habe sich aber erst im Laufe der Zeit gezeigt, obwohl sie sich sehr nahe waren.

1964, ein Jahr nach ihrer Profess, ereilte Sr. Gaudentia ein Schicksalsschlag, der ihre ganze Familie erschütterte: Ihr Vater nahm sich das Leben. Er war 54 Jahre alt und stand kurz vor einer Operation wegen eines Hirntumors, der wahrscheinlich eine Spätfolge der Hirnhautentzündung war. José Meier ist heute überzeugt, dass es die Angst vor den Folgen der schweren Operation war, welche den Vater zu diesem schrecklichen Schritt bewog. Annemarie Meier spricht von Existenzängsten, die auch mit der unklaren Situation auf dem Hof zu tun hatte. Sr. Gaudentia geht davon aus, dass mehreres mitspielte. Sie sagt: «Er war schon länger nicht mehr der fröhliche Mensch, der er früher sein konnte.»

In diese Zeit fielen aber auch schöne Erlebnisse mit der Familie. Als Sr. Gaudentia im Spital Sursee als Hebamme arbeitete, wurden dort gleich mehrere ihrer Nichten und Neffen geboren, was sie bis heute sichtlich freut. Stolz erzählt sie weiter, dass sie bei der Geburt der jüngsten Tochter ihres ältesten Bruders als Hebamme gerufen wurde. «Das Mädchen wurde dann auf den Namen Beatrice-Gaudentia getauft.»

Sie selbst hatte sich damals allerdings noch nicht ganz an ihren Klosternamen gewöhnt. Ordensfrauen erhalten als Novizinnen in der Regel einen neuen Namen, um zu unterstreichen, dass sie ein neues Leben beginnen. «Wir konnten ihn selbst wählen, das Kloster gab uns aber eine Liste geeigneter Namen, und zwei Schwestern durften nicht denselben Namen tragen.» Dies schränkte die Auswahl erheblich ein, lebten doch damals rund 1000 Ordensfrauen in Baldegg. Sr. Lukas Süess, die wie Sr. Gaudentia 1961 ins Kloster eintrat, entschied sich deshalb, wie andere auch, für einen männlichen Namen. «Immerhin ein Evangelist, dachte ich mir», erzählt die quirlige, kleine Frau später. Und: «Damals gab es eben noch nicht so neumodische Mädchennamen wie Noemi oder Mila.»

Der Name Gaudentia stand auf der Liste und habe ihr sofort gefallen, erzählt Sr. Gaudentia. Das lateinische Wort «gaudere» bedeutet «sich freuen». War ihr das damals bewusst? «Ich wusste, dass der Name mit Freude zu tun hat, und das schien mir sehr passend. Ich verstand ihn auch in gewisser Weise als einen Vorsatz für mein Leben. Als ich dann nach Papua-Neuguinea kam, befürchtete ich allerdings zuerst, er sei schwierig auszusprechen für die Menschen dort. Das war aber nicht der Fall. Und die meisten nannten mich sowieso Sister Gaudi.»

Sr. Gaudentia wusste also bereits früh, dass sich ihr Wunsch, in die Mission zu gehen, erfüllen würde. Allerdings war auch klar, dass sie sich noch gedulden musste. Das Kloster wartete jeweils fünf Jahre ab, bevor es frisch eingetretene Schwestern in die Mission sandte. Während dieser Zeitspanne sind Ordensfrauen nämlich noch nicht gänzlich ans Kloster gebunden. Sie haben fünf Jahre Bedenkzeit, bis sie sich für ewig verpflichten. Zudem war die Baldegger Mission damals im Umbruch. Das Kloster war in Zusammenarbeit mit Kapuzinern vor allem in Afrika, in Tansania, aktiv. Anfang der 1960er-Jahre wurde die Situation dort aus politischen und gesundheitlichen Gründen schwierig; die Malaria hatte sich stark verbreitet. Und so war das Kloster auf der Suche nach einem neuen Einsatzort.

Sr. Gaudentia erzählt: «Ich bin ursprünglich davon ausgegangen, dass wir nach Tansania geschickt werden, wo es bereits eine seit längerer Zeit bestehende Missionsstation gab. Dann fragte mich die Frau Mutter eines Tages, ob ich mir auch einen Einsatz in Papua-Neuguinea vorstellen könnte. Dort gebe es allerdings noch keine anderen Schwestern, man müsse die Station also neu aufbauen. Ich sagte sofort Ja, obwohl ich keine Ahnung hatte, wo Papua-Neuguinea liegt. Ich musste danach erst in einem Atlas in der Bibliothek nachschauen. Das war wirklich etwas total Neues, das hat mich noch mehr angezogen.» Die künftigen Missionarinnen wurden aber nicht einfach unvorbereitet losgeschickt. Sie nahmen drei Monate lang an einem Vorbereitungskurs teil, an dem sie von verschiedenen Missionaren und auch einem Ethnologen unterrichtet wurden. Dabei ging es neben der Katechese, also der Vermittlung der christlichen Botschaft, vor allem um Völkerkunde. «Das war sehr wertvoll, sehr hilfreich. Viele Ratschläge, die ich dort erhielt, begleiteten mich danach durchs ganze Leben.» Zum Beispiel? «Wir sollten nicht ankommen und sofort versuchen, etwas zu ändern. Sie rieten uns: ‹Studiert zuerst, und fragt, fragt so viel wie möglich. Und schaut zuerst, was vorhanden ist, und baut darauf auf. Oder auch in Bezug auf den Glauben: Man kann dem Menschen nicht einfach etwas wegnehmen und stattdessen etwas anderes geben.› Unsere Aufgabe war es ohnehin nicht, diese Menschen in irgendeiner Weise zu bekehren. Früher war die Einstellung verbreitet, die Einheimischen als minderwertig zu betrachten. Und man glaubte, man müsse sie zivilisieren. Das war bei uns nicht mehr so. Es ging allem voran darum, medizinisch zu helfen.»

Sr. Gaudentia verinnerlichte die Ratschläge. Es fiel ihr bestimmt nicht schwer, entsprachen sie doch ihrem Naturell. In all den Gesprächen über ihr Wirken und ihr Leben in Papua-Neuguinea kam es nicht ein einziges Mal vor, dass sie sich von oben herab oder despektierlich über die Menschen und ihre Traditionen und Rituale geäussert hätte. Und wenn sie von «wir» spricht, heisst das sehr häufig «wir Papuas». Zuweilen war es gar irritierend, wie neutral sie selbst dann blieb, wenn sie von Sippenkriegen oder Misshandlungen berichtete. Mir ist noch nie ein Mensch begegnet, der so vorurteilslos auf Fremdes zugeht. Typisch dafür ist vielleicht eine kurze Begebenheit am Rande, die sich bei einem Besuch bei ihr in Hertenstein ereignete. Sie wartete an der Schifflände auf mich, und mit mir stiegen noch vier weitere Passagiere aus: ein Mann mit drei Frauen, die einen schwarzen Ganzkörperschleier trugen. Die voll verschleierten Frauen, die nur gerade durch einen Schlitz im Tuch sehen konnten, hatten schon auf dem Schiff für Aufsehen gesorgt, denn es fiel einem schwer, sie nicht anzustarren. Auch Sr. Gaudentia stutzte kurz, als sie die drei Frauen erblickte. Dann sagte sie: «Wenn man nur wüsste, ob sie sich wohlfühlen so.»

Die Ausreise der neuen Missionarinnen, im Kloster «Aussendung» genannt, wurde auf das Jahr 1969 festgelegt. Und bis dann? Sr. Gaudentia arbeitete nach ihrer einjährigen Weiterbildung zur Hebamme ein Jahr auf der Geburtenabteilung im Spital, um sich praktisches Wissen anzueignen. Auch bat sie darum, Englischunterricht nehmen zu dürfen. Sie durfte. Sie wurde mit vier Mitschwestern für ein halbes Jahr nach England versetzt, um eine Sprachschule zu besuchen. Dort blieb sie noch einige Monate länger und arbeitete in einem Spital als Hebamme, um auch die Fachbegriffe in Englisch zu beherrschen. Dann kam sie heim und musste packen. «Das war nicht ganz einfach, denn wir hatten keine Ahnung, was uns erwartete. Die Unsicherheit betraf natürlich nicht die Kleidung, unsere graue Tracht mit dem Schleier war gesetzt, aber das medizinische Material. Der Kapuziner, der unsere Ansprechperson in Papua war, hatte nur gesagt, dass es dort noch gar nichts gebe.»

53   BILDTEIL 1

In der Bildmitte das einstige Pfarrhaus von Waltenschwil, in dem die Familie wohnte. Links befindet sich die Scheune, rechts das Schulhaus, die ehemalige Kirche. Das Meier'sche Elternhaus wurde um 1980 abgebrochen. Heute steht dort ein Restaurant.

Margrith (Sr. Gaudentia) mit ihren Geschwistern und den Eltern an Weihnachten 1960. Von oben links: Hans, Margrith, Albert, Annemarie, Alfons; unten links: José, Mutter Anna, Lisbeth, Vater Albert, Ruedi.

Sekundarschülerin Margrith Meier, um 1954. Mit der Berufswahl tut sie sich lange schwer.

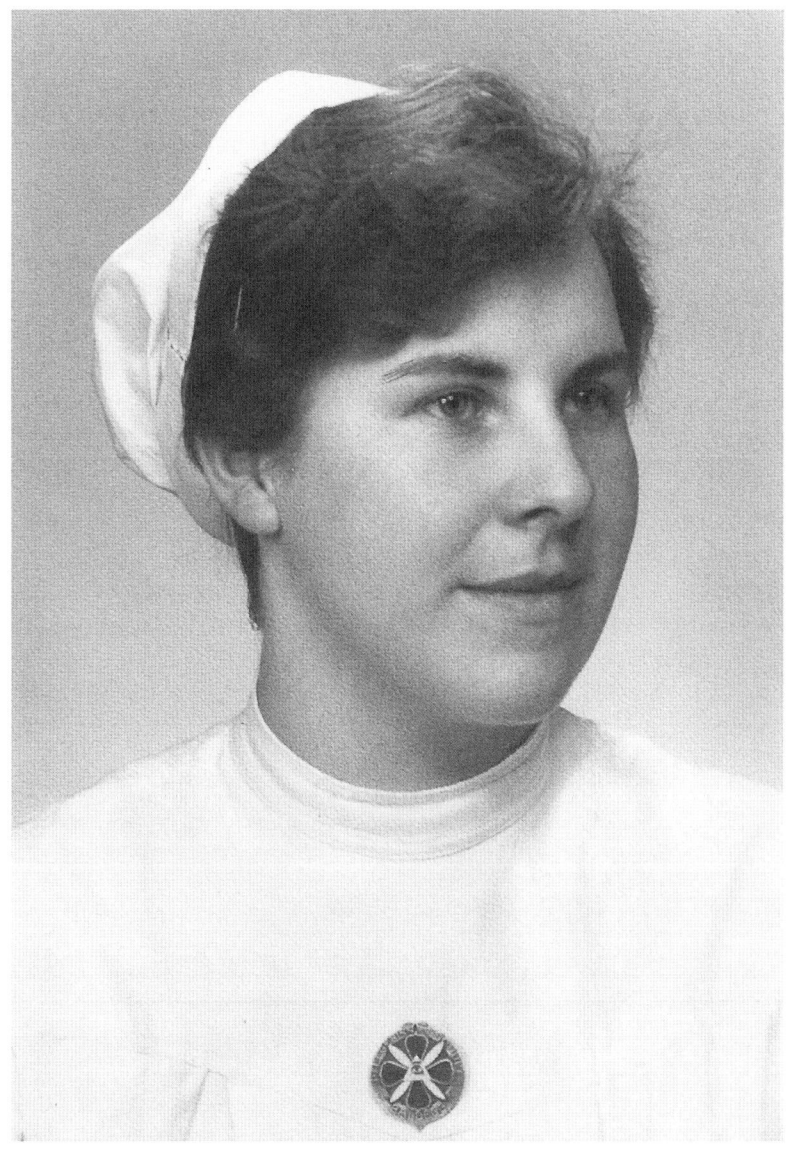

Im März 1961 erhält Margrith Meier das Schwesterndiplom in Sursee. Dort unterrichteten Baldegger Schwestern. Deren Erzählungen beeindruckten sie tief. Noch
im selben Jahr tritt sie als Kandidatin ins Kloster Baldegg ein.

Am 3. September 1963 legt Margrith Meier, nun als Sr. Gaudentia, zusammen mit 23 weiteren jungen Frauen die Profess ab. Damit ist ihr Klostereintritt endgültig. Ihr Ziel ist klar: Sie möchte ins Ausland, in die Mission.

INTERMEZZO 2   Das Kloster Baldegg

Die Geschichte des Klosters Baldegg ist von Beginn an eine Geschichte von und über Frauen. Auch wenn am Anfang ein Mann stand. Es war der Hochdorfer Kaplan Josef Leonz Blum, der 1830 im ehemaligen Schloss Baldegg eine religiöse Schwesterngemeinschaft ins Leben rief, um junge Frauen vom Land zu unterrichten, Lehrerinnen für Mädchenschulen auszubilden und Schwestern zu befähigen, Armen- und Waisenhäuser zu führen. Die neue Gemeinschaft hiess «Arme Schwestern im Kloster Baldegg», und die ersten Mitglieder waren sieben leibliche Schwestern aus einer Familie Hartmann, die auf einem Hof in Hohenrain aufgewachsen waren. Die Schwestern legten damals noch keine Gelübde ab, lebten aber nach dem Leitgedanken «Beten und arbeiten, arbeiten und beten und auf die göttliche Vorsehung trauen». 1844 wurde die Kongregation vom Bischof von Basel anerkannt.

Dann kam das Kloster in die Wirren rund um den politischen Zwist zwischen den konservativ regierten katholischen Kantonen und den Liberalen, welcher im November 1847 im Sonderbundskrieg, dem letzten Krieg auf Schweizer Boden, gipfelte.

Die Schwesterngemeinschaft geriet zwischendurch in Verdacht, mit dem umstrittenen Jesuitenorden in Verbindung zu stehen. Dreimal mussten die Frauen das Schloss verlassen und die Schule schliessen. Einige Schwestern wichen nach Cham aus, wo sie eine Mädchenschule gründeten. Sie fühlten sich aber immer noch mit Baldegg verbunden, dessen Gemeinschaft 1859 die franziskanische Spiritualität annahm.

1862 kehrte eine Gruppe der Schwestern aus Cham nach Baldegg zurück, ein Jahr später anerkannte die Luzerner Regierung die Gemeinschaft an, und 1866 legten sieben Novizinnen in Baldegg ihre Profess ab. Sie engagierten sich vor allem im Schulwesen und arbeiteten auch in Dorfschulen und Bürgerheimen. Seit dieser Zeit gehören Baldegger Schwestern in der Region zum Ortsbild. Sie tragen seit 1901 den offiziellen Namen «Schwestern von der Göttlichen Vorsehung aus dem Regulierten Orden des heiligen Franziskus von Assisi».

Im ersten Viertel des 20. Jahrhunderts vervierfachte sich die Zahl der Schwestern auf gut 500. 1940 waren es schon über 900. Weil der Platz deshalb eng wurde, musste das Kloster ausgebaut werden. Das Schloss wurde erweitert, 1937 wurde die alte gotische Kirche abgerissen, und es wurde mit dem Bau der heutigen Institutskirche begonnen. Diese konnte 1939 eingeweiht werden.

Die steigende Mitgliederzahl ermöglichte dem Kloster auch, neue Aufgaben zu übernehmen. Wobei der Fokus stets auf die Aus- und Weiter-

innerung älterer Menschen. Und nach dem Wunschberuf befragt, nannten viele Buben schon bald nach dem Lokomotivführer den Missionar, wobei dahinter oft wohl mehr Abenteuerlust als Sendungsbewusstsein steckte.

Es gab Zeiten, da waren gegen 100 Baldegger Schwestern in Afrika stationiert. Ab 1957 kamen Kapuziner als Seelsorger nach Baldegg. Es besteht seither eine enge Verbindung zwischen den Baldegger Franziskanerinnen und der Gemeinschaft der Kapuziner, die vor allem in den Missionsgebieten gelebt wird.

Höhepunkt dieser Bewegung war laut Sr. Martine, die sich stark mit der Geschichte des Klosters Baldegg beschäftigt hat, das von der Kirche ausgerufene Missionsjahr 1961. Auch bei Sr. Gaudentia gab dies den Ausschlag, ihr Leben zu verändern. Es kommt daher nicht von ungefähr, dass im Kloster Baldegg, das jungen Frauen den Weg in die Mission ermöglichte, 1964 so viele Schwestern lebten wie nie zuvor. 1018 Ordensfrauen gehörten damals zu der Gemeinschaft, die von den Baldegger Schwestern gegründeten eigenständigen afrikanischen Gemeinschaften nicht mitgezählt.

Das Zweite Vatikanische Konzil von 1962 bis 1965 ist in mehreren Bereichen ein Einschnitt in die Geschichte der Kirche und des Klosters Baldegg. So löste es grundsätzliche Diskussionen über das Ordensleben aus, welche auch zu Spannungen in der Gemeinschaft führten. Sr. Martine erinnert sich gut daran. Es gab Schwestern, die sich eine vertiefte Spiritualität und auch eine gewisse Abgeschiedenheit wünschten.

bildung junger Frauen gerichtet war. 1940 wurde die interne Pflegerinnenschule nach Sursee verlegt. Daneben betrieb das Kloster eine Real- und Sekundarschule sowie ein Lehrerinnenseminar. Hinzu kam das Engagement in afrikanischen Missionsstationen.

Bereits 1921 reisten die ersten sechs Baldegger Schwestern zusammen mit sechs Kapuzinern in ein ihnen von Papst Benedikt XV. übertragenes Missionsgebiet nach Tanganjika, dem späteren Tansania, das damals unter englischem Mandat stand. Zuvor war es deutsches Kolonialgebiet gewesen. Die Möglichkeit, in die Mission zu gehen, machte die Gemeinschaft für viele junge Frauen attraktiv, zumal dieses Leben damals in der Schweiz auf grosse Resonanz stiess. Die Figur eines Schwarzen, der nach einer Almosenspende dankbar nickte, gehört heute noch zur kollektiven Er-

Andere plädierten für eine grössere Öffnung, man solle das Ordenskleid ablegen und den Mitgliedern Taschengeld ausbezahlen. «Das Kloster blieb schliesslich eher auf der konservativen Seite», fasst Sr. Martine zusammen. «Das Ordenskleid, das bereits 1961 etwas angepasst worden war, blieb – zum Glück. Es vereinfacht das Leben und ist auch Zeichen einer Einheit. Heute ist das breit akzeptiert, und es spricht niemand mehr darüber. Gott sei Dank.» Auch wich man nicht vom Stundengebet ab, sondern schenkte ihm in seiner neuen Form grössere Bedeutung.

In diese Zeit fallen auch Diskussionen über den Einsatz von Baldegger Schwestern in anderen Missionsgebieten, zumal die Situation in Tansania immer problematischer und instabiler wurde. Trotz Rückgang der Klostereintritte beschlossen die Verantwortlichen, sich nach einem neuen Missionsgebiet umzusehen. Sie wandten sich an den Schweizer Provinzial der Kapuziner mit der Frage, ob er ein sinnvolles neues Einsatzgebiet wüsste. Sie rannten offene Türen ein. Papst Johannes XXIII. hatte eben erst in Mendi, der Provinzhauptstadt des Südlichen Hochlands von PNG, ein neues Bistum eingerichtet, und der erste Bischof, Firmin Schmidt, war ein amerikanischer Kapuziner. Er nahm am Zweiten Vatikanischen Konzil in Rom teil und sagte, dass er in seiner Diözese dringend Schwestern brauche, die ihn in verschiedenen Bereichen unterstützen würden: Krankenpflege, Schule, Pastoralarbeit. Baldegg begrüsste diesen Wunsch, auch weil dort im Hochland das Klima weniger tropisch ist und es Schwestern einen Missionseinsatz ermöglichte, für die Tansania zu heiss war. Um das neue Einsatzgebiet und den Bischof kennenzulernen, reiste Sr. Sixta Popp, zusammen mit einer Missionarin aus Tansania, Sr. Astrid Dietsche, im Frühjahr 1968 nach Mendi. Sie kehrten sehr motiviert zurück, und so wagte sich das Kloster an die neue Aufgabe. Am 7. Oktober 1969 reisten die ersten fünf Schwestern, darunter Sr. Gaudentia, zur Missionsarbeit nach Papua-Neuguinea. Baldegger Schwestern wirkten kurze Zeit auch auf den Seychellen und in Indonesien. Später kamen noch Schwesterngemeinschaften in der Diözese Moundou in Tschad und Einsätze in Thailand, Äthiopien und Bosnien dazu.

In Baldegg wurden zwischen 1969 und 1972 die Konventsgebäude neu gebaut, nach Plänen des Architekten Marcel Breuer (1902–1981), eines ehemaligen Mitarbeiters von Walter Gropius. Breuer gilt als Erfinder der modernen Stahlrohrmöbel und hatte neben vielen anderen Bauten das UNESCO-Hauptgebäude in Paris (1953) und das Whitney Museum of American Art in New York (1966) gebaut. Es ist interessant, wie es dazu gekommen war, dass die Schwestern unter ihrer Frau Mutter Hedwig Strebel einen derart bedeutenden Architekten für den Bau ihres neuen Mutterhauses verpflichten konnten: Dem voran ging ein jurierter Wettbewerb, an dem einige renommierte Schweizer Architekten teilnahmen. Mit dem Siegerprojekt von Hanns Anton Brütsch (1916–1997) konnten sich die Schwestern aber einfach nicht anfreunden. Da machte sie der damalige Luzerner Kantonsbaumeister auf den in New York lebenden Bauhaus-Architekten Marcel Breuer aufmerksam. Sie kontaktierten ihn, und dieses Mal zündete der Funke. «Der Zufall und das Glück wollten es, dass bei ihm damals ein junger Berner Architekt, Beat Jordi, tätig war, der dann Breuers Projekt vor Ort mit viel Herzblut umsetzte», erinnert sich Sr. Martine. Das Kloster Baldegg wird heute noch regelmässig von Menschen, die sich für die Bauhaus-Architektur interessieren, besucht. Im Frühling 1979 konnte auch das Pflegeheim Sonnhalde bezogen werden, das 72 pflegebedürftigen Schwestern Platz bietet.

1983 traten neue Satzungen in Kraft. Nach diesen besteht das Ordensleben der Baldegger Schwestern darin, den Glauben durch ein besonders klares und zeichenhaftes Leben nach dem Evangelium sichtbar zu machen. Die Schwestern verpflichteten sich nach wie vor durch die Gelübde zu Armut, Keuschheit und Gehorsam sowie zum Leben in Gemeinschaft und zum Einsatz in einer durch die Kirche der Ordensgemeinschaft übertragenen Aufgabe.

Da die Zahl der Schwestern seit Mitte der 1960er-Jahre kontinuierlich abnimmt, mussten mittlerweile verschiedene Aussenstationen geschlossen, umfunktioniert oder abgetreten werden. Heute betreibt das Kloster in Baldegg selbst noch das Pflegeheim Sonnhalde, die Klosterherberge mit Laden und Handwerkstätten sowie das Bildungshaus Stella Matutina in Hertenstein. Engagiert ist es auch im Heim & Hospiz St. Antonius in Hurden; einige Schwestern wohnen immer noch im Foyer Bel Abri im fribourgischen Bourguillon, wo auch das Institut Philanthropos untergebracht ist. Das Seminar wurde vom Kanton übernommen und beherbergt inzwischen die Kantonsschule Seetal. Zum Klosterbetrieb gehören ausserdem ein grosser Bio-Bauernhof mit sechzig Mutterkühen und eine Obstanlage sowie eine Gärtnerei, die beide verpachtet sind.

habe der Eintritt in ein Kloster einer Frau Möglichkeiten eröffnet, die ihr sonst oft verwehrt waren. «Klosterfrauen konnten oft selbstbestimmter leben und selbstständiger arbeiten, als dies ausserhalb möglich war. Das hat sich, Gott sei Dank, geändert.» Manche Dienste, die früher von Klosterfrauen erbracht wurden, habe die öffentliche Hand übernommen. «Bei vielem ist es jetzt nicht mehr nötig, dass wir das machen.» Das gilt vor allem im Pflegebereich. «Arbeiten Ordensschwestern in der Pflege, müssen sie sich aber an alle staatlichen Vorgaben halten. Wir sind ganz in der heutigen Zeit angekommen», sagt Sr. Martine. «Etwas privilegiert sind wir allerdings schon, weil wir immer noch die Dimension des Glaubens haben, das macht das Leben schöner und leichter.»

Derzeit leben noch rund 225 Baldegger Schwestern, davon wohnen gegen 200 in Baldegg, einige an anderen Orten in der Schweiz und sechs in Missionsstationen: drei in Tansania, zwei in Papua-Neuguinea, eine in Äthiopien. Eine Schwester, Sr. Madeleine Schildknecht, unterrichtete lange am internen Seminar und verspürte danach den Wunsch, Jugendlichen in schwierigen Situationen beizustehen. Sie lebt nun als Jugendarbeiterin in Bosnien-Herzegowina.

Die jüngsten Schwestern sind gut fünfzig Jahre alt, der Nachwuchs fehlt. Sr. Martine sagt: «Als ich eintrat, waren wir 1000. Doch es geht weiter, wir wissen einfach nicht, wie und wie lange. Aber man darf ja auch nicht den Anspruch haben, dass es über Jahrhunderte gleich bleiben muss. Es gibt auch andere Formen von Dienst in Kirche und Welt.» Einst

Kirche und Klostertrakt des Mutterhauses des Klosters Baldegg. Es wurde ab 1968 vom renommierten amerikanischen Architekten Marcel Breuer gebaut. Unterstützt hat ihn dabei der Schweizer Architekt Beat Jordi, der bei Breuer arbeitete. Dieses damals für ein Kloster geradezu revolutionär moderne Gebäude entstand, weil das als Kloster genutzte «Alte Schloss» in den 1960er-Jahren zu klein geworden war für die stetig wachsende Schwesterngemeinschaft.

1969 bis 1998

Det

Geburtshilfe unter erschwerten Bedingungen

Ein Bild aus dem Jahr 1971 oder 1972 zeigt Sr. Gaudentia in grauem Ordensgewand mit schwarzem Schleier, stolz lächelnd mit einem munteren, wohlgenährten dunkelhäutigen Baby auf dem Arm. Sie wirkt wie eine stolze Mutter – «das ist Lisebethli», sagt Sr. Gaudentia. Und ja, manche der vielen Kinder, die sie in ihrer Funktion als Hebamme zur Welt gebracht habe, seien ihr fast wie eigene Kinder ans Herz gewachsen. «Ich sah sie aufwachsen, wie sie junge Männer und Frauen, selbst Eltern werden. Manche Mädchen, die ich zur Welt gebracht habe, habe ich später wieder entbunden. Damit bin ich also auch Grossmutter.» Sr. Martine, die während unseres Gesprächs, das im Kloster Baldegg stattfindet, kurz vorbeischaut, sagt: «Wenn ich dich besuchte, ist mir immer aufgefallen, wie viele Menschen du dort mit ihrem Namen ansprichst. Du kennst eine ganze Generation, jetzt eigentlich schon zwei Generationen. Und du hast ein sehr gutes Gedächtnis.»

Sr. Gaudentia kennt die Bewohnerinnen und Bewohner ganzer Dörfer beim Namen. Doch wie nennen die Einheimischen die Schwestern? Sie erzählt: «Zu Beginn nannten sie uns in ihrer Sprache einfach pauschal «weisse Frauen». Dann aber begannen sie zu differenzieren. Die Einheimischen benennen die eigenen Leute, aber auch andere, sehr schnell nach Eigenschaften. Sie geben ihnen Spitznamen.» Beispiele? «Wenn jemand viel schimpft, wird er eben ‹Chifli› genannt, also so würden wir es übersetzen.» Und welchen Namen gaben sie ihr? Sr. Gaudentia zögert. Dann sagt sie: «Heute nennen mich viele einfach ‹Mutter›.»

Sr. Gaudentias erstes Kind, das sie in Papua-Neuguinea als Hebamme begleitete, kam am 1. Februar 1970 zur Welt, also dreieinhalb Monate nach ihrer Ankunft in Det. Die Schwestern hatten mittlerweile verschiedene andere Stationen besucht und Pidgin-Englisch gelernt, eine einfache und ursprünglich künstlich gebildete Gebrauchssprache, die man meist so schreibt, wie man sie ausspricht. Mitte Dezember konnten sie ihr einfaches Haus in Det beziehen, dann wurden sie einer Geduldsprobe unterzogen: Sie kamen voller Tatendrang und konnten fast nichts bewegen.

Die Einheimischen mussten erst Vertrauen in sie fassen. Sr. Sixta kümmerte sich um den Haushalt, Sr. Lukas und Sr. Sibille bauten eine behelfsmässige Schule auf, Sr. Kiliana und Sr. Gaudentia machten sich daran, eine Krankenstation einzurichten. Sr. Gaudentia sollte sich vor allem auf die Geburtshilfe und die Gesundheit der Kleinkinder konzentrieren. Doch engere Kontakte mit den Einheimischen kamen nur zögerlich zustande.

Sr. Gaudentia erinnert sich: «Zuerst musste ich lernen zu erkennen, welche Frauen überhaupt schwanger sind, denn dicke Bäuche hatten viele, weil sie schlecht ernährt waren. Anfangs habe ich wirklich geglaubt, fast alle seien schwanger. Man muss dafür ein Auge entwickeln. Auch habe ich versucht herauszufinden, wie die Frauen mit ihrer Schwangerschaft und der Geburt umgehen. Ich habe gerne den Wochenmarkt besucht, wo sie Waren tauschen, und habe geschaut, welche Frau schwanger sein könnte. Dann habe ich sie angesprochen und gefragt, ob sie nicht zu mir kommen wolle, um zu schauen, ob mit dem Kind alles gut ist. Es war schon ein grosser Schritt, dass ich sie dazu ermutigen konnte, sich von mir untersuchen zu lassen, denn eigentlich war damals alles rund um die Schwangerschaft und die Geburt allein der schwangeren Frau überlassen. In vielen Völkern stehen andere Frauen den Gebärenden bei, auch in vielen Regionen Papua-Neuguineas ist das so. In unserer Gegend aber werden sie ganz allein gelassen, auch wenn sie ihr erstes Kind bekommen. Sie werden in ein kleines Haus mit Schlupfloch gebracht, das meist hinter dem Frauenhaus steht. Manche dieser Hütten sind kaum höher als ein Tisch. Die Frauen gehen auch dorthin, wenn sie ihre Menstruation haben, denn Frauenblut gilt bei diesen Stämmen als bedrohlich. Wer damit in Kontakt kommt, wird krank oder stirbt. Wenn die Wehen beginnen, geht die Frau also ganz allein in dieses Haus. Eine andere Frau, zum Beispiel die Mutter oder die Grossmutter oder auch eine andere Frau aus der Sippe, die schon geboren hat, steht draussen und sagt ihr, was sie machen soll. Niemand aber darf das Geburtshaus betreten. Nur wenn die Frau die Geburt nicht überlebt, gehen die Türsteherinnen hinein und tragen sie hinaus. Ist das Kind da, darf die Wöchnerin es ihnen kurz zeigen, danach aber bekommt es einige Zeit niemand mehr zu Gesicht.» Natürlich habe sich das in den letzten Jahren etwas geändert. Aber so sei es Jahrzehnte, ja wohl Jahrhunderte gewesen.

Im Bericht «Second Chance», den der Priester Philip Gibbs 2016 zusammen mit einer ehemaligen einheimischen Schülerin von Sr. Gaudentia, Winnie William, verfasste, erzählt eine Frau, wie Kinder im Dorf traditionellerweise zur Welt kamen: «Während der Geburt kauerten wir auf Knien und Händen, um das Baby zu bekommen. Die anderen Frauen machten Magie für uns. Wir fasteten vor der Geburt. Wir bekamen das Kind ganz alleine in einem kleinen Haus. Niemand sonst war bei uns. Andere Frauen, die schon Kinder geboren hatten, erzählten uns, was auf uns zukomme und was wir tun sollten. Manche Frauen starben. Immer wieder mal eine. Wir blieben in dem kleinen Haus acht Tage lang. Andere Frauen brachten uns etwas zu essen. Wir hatten Angst vor dem neuen Kind während dieser Tage. Diejenigen, die starben, starben, weil das Kind nicht rauskam. Um die Kinder zu gebären, brauchten wir unsere ganzen Kräfte. Und wenn wir nicht stark genug waren, starben wir.»

Immer wieder versuchte Sr. Gaudentia, die Schwangeren dazu zu bewegen, auf die Station in Det zu kommen oder sie zu holen, wenn die Wehen einsetzten. Die Frauen kamen nicht, und sie holten sie nicht. Bis zum 1. Februar 1970. «Da kam eine Frau zu mir und sagte, ich solle kommen, eine Frau brauche meine Hilfe. Sie wohne oben im Buschdorf und liege in den Wehen, doch wolle es nicht vorwärtsgehen. Ich holte meinen Hebammenkoffer und setzte mich in den Toyota, mit dem konnte ich ein Stück hochfahren. Am Schluss aber mussten wir zu Fuss weiter. Die Frau hatte starke Schmerzen, doch sah ich, dass die Niederkunft nicht unmittelbar bevorstand. Es war offensichtlich, dass das eine schwere Geburt werden würde. Ich sagte zu ihr: Komm mit mir, ich kann dir in der Station besser helfen. Inzwischen hatten sich die Frauen aus dem ganzen Dorf um sie versammelt. Wir gingen zum Wagen, und wenn die Wehen kamen, stützte und massierte ich sie am Rücken. Ich merkte dabei, dass die anderen Frauen aufmerksam zuschauten und miteinander flüsterten. Doch mass ich dem vorerst keine Bedeutung bei, denn es eilte. Später erinnerte ich mich an die seltsame Aufregung, welche die Frauen ergriff, als ich versuchte, der Frau durch das Stützen und Massieren am Rücken Linderung zu verschaffen. Ich hatte zwei Helferinnen mitgenommen, welche die Sprache dieser Sippe verstanden, und fragte sie, was die Frauen denn gesagt hätten. Sie übersetzten, die Frauen seien erstaunt gewesen, dass diese weisse Frau wisse, wo es wehtue, wenn sie doch selbst noch nie ein Kind geboren habe. Wir erklärten den Frauen dann, dass man bei uns in Schulen Geburtshilfe lerne und ich ihnen daher helfen könne, auch ohne eigene Erfahrungen. Das machte ihnen Eindruck. Für sie war es neu, dass ihnen jemand bei der Geburt half. Entweder ging alles gut, oder die Frau starb. Das nahmen sie so hin. Wir brachten die Frau bei uns in die noch behelfsmässig eingerichtete Geburts-station, ich untersuchte sie und redete immer wieder mit ihr. Viele Frauen aus dem Dorf versammelten sich draussen. Ich hörte drinnen ihre aufgeregten Stimmen. Dann kam das Kind. Als es seinen ersten Schrei tat, hörten sie das draussen. Ich legte es der Frau sofort an die Brust, dann kam die Plazenta. Danach gab ich ihr ein Brötchen und eine Ovomaltine zur Stärkung, sie genoss es sichtlich, dass sich jemand um sie kümmerte und sorgte. Wir waren alle auch etwas nervös, weil uns klar war, wie wichtig es war, dass diese erste Geburt auf der Station gut verlief. Ich erinnere mich, dass damals ein alter Kapuziner bei uns weilte. Der wollte unbedingt mithelfen. Ich schickte ihn dann, heisses Wasser zu holen. Er war ganz glücklich, dass er sich nützlich machen konnte. Die Frau erholte sich von der schweren Geburt viel schneller, als es unter den herkömmlichen Umständen der Fall gewesen wäre, und das Kind war munter. Es wurde auf den Namen Susanna getauft. Mein erstes «Papua-Kind», ein herziges Mädchen. Heute hat Susanna selbst fünf Kinder. Nach dieser Ge-burt kamen nach und nach mehr Frauen zu mir, oder sie riefen mich zu sich. Der Bann war gebrochen. In diesem Monat, im Februar 1970, begleitete ich noch drei Geburten, bis Ende des Jahres 1970 waren es 56. In den nächsten Jahren waren wir bei durchschnittlich über 200 Geburten dabei. Ich erinnere mich an einen Monat, da waren es allein 39. Ich konnte nun auch bis zu einem gewissen Zeitpunkt Voruntersuchungen machen, durch

Abtasten des Bauchs. So konnte ich die Herztöne abhören, schauen, ob das Kind richtig lag, und abschätzen, in welchem Monat die Frau ungefähr war. Weiterführende Untersuchungen, etwa Urintests, waren schwierig. Wegen Schamgefühlen, aber auch, weil die Einheimischen immer grosse Angst davor haben, böse Geister zu wecken. Jetzt realisierten wir erst, wie unglaublich viele Babys bei der Geburt starben. Und wie viele Säuglinge von anderen Frauen aufgezogen wurden, weil die Mutter bei der Geburt gestorben war. Über die Frauen fassten dann mit der Zeit auch die Männer Vertrauen zu uns, und sie kamen auf die Krankenstation, wenn sie ein gesundheitliches Problem hatten oder in Sippenkriegen verletzt worden waren. Ab 1972 arbeiteten wir in Det mit einheimischen Krankenschwestern zusammen. Allerdings brauchte es auch hier eine Weile, bis die Einheimischen den einheimischen Krankenschwestern vertrauten. Sie wollten am Anfang nur von uns behandelt werden. Ich sagte ihnen dann, dass diese Krankenschwestern bei uns gelernt hatten, dann war es gut.»

So sprangen also mit der Zeit Knirpse namens Susanna oder Lisebethli durch den Dschungel von Papua-Neuguinea. Welch seltsame Namen in dieser Kultur! Sr. Gaudentias Nichte Gabriela erinnert sich, dass sie einst das Foto eines neugeborenen Mädchens aus Papua-Neuguinea erhielt, das auf ihren Namen getauft worden war. Auch einen kleinen Thomas gab es, der also wie Sr. Gaudentias Bruder hiess.

Sr. Gaudentia lacht vergnügt bei dieser Erzählung und erklärt dann: «Sie tragen neben den christlichen Namen immer auch einheimische. Ich selbst nenne die einen beim christlichen, andere beim einheimischen Namen, wie es mir eben gerade einfällt. Allerdings geben die Papuas selbst ihren Kindern erst nach etwa einem halben Jahr einen Namen, wenn die Wahrscheinlichkeit gross ist, dass sie überleben. Sie glauben, dass der Geist eines Kindes, das stirbt, den Angehörigen schaden kann. Ohne Namen aber gehört das Kind noch zu keiner Familie, und der Geist kann diese nicht heimsuchen. Als die Australier in Papua-Neuguinea ein ordentliches Zivilstandsregister einführen wollten, brachte sie das fast zum Verzweifeln. Die Beamten verlangten nämlich, dass die Neugeborenen unverzüglich einen Namen erhielten, damit sie sie erfassen könnten. Die Frauen antworteten in ihrer Sprache, dass das Kind ‹keinen Namen› habe, der Beamte hielt das Wort in Papua für den Namen und schrieb es in sein Formular. Oder sie antworteten: ‹Nongo›, was einfach ‹Mädchen› heisst. Oder ‹Nemache›, was ‹Geiferer› bedeutet. Oder ihr Wort für Durchfall. Diese Worte haben alle einen schönen Klang in ihrer Sprache.»

Sr. Gaudentia unterbricht kurz, um ein weiteres Bild eines «ihrer» Kinder zu suchen, und fährt dann fort: «Die Beamten kamen dann ziemlich verunsichert zu uns auf die Station, und wir klärten das Missverständnis auf. Auch konnten die Beamten so ihr Register abgleichen, da bei uns alle Kinder erfasst waren. Den christlichen Namen bekamen die Kinder bei der Taufe. Es wurden immer mehrere Kinder gleichzeitig getauft, was als grosses Fest gefeiert wurde. Als christliche Namen wählten sie oft Namen von Heiligen oder von Figuren aus europäischen Geschichten. So heissen ein Mädchen und ein Bub einer meiner nächsten Mitarbeiterinnen Hänsel und Gretel. Oder sie fragten eben mich, ob ich einen schönen Namen für ihr Kind wüsste, ihnen gingen zuweilen die Ideen aus, weil sie so viele Kinder hatten. Ich riet dann, sie könnten dem Kind doch einen Namen geben, der in ihrer Sprache eine schöne Bedeutung hat. Turi zum Beispiel, was ‹froher Mensch› bedeutet. Manchmal habe ich dann auch die Namen meiner Geschwister, Nichten und Neffen genannt, wenn diese in ihrer Sprache gut auszusprechen waren.»

Und Gaudentia? Wollte niemand ihr Kind nach ihr nennen? «Doch, doch, manchmal ist das vorgekommen. Ich habe dann jeweils gesagt, der Name sei doch viel zu lang.» Nun hat sie das Bild gefunden, das sie suchte. Es zeigt ein aufgeweckt in die Welt blickendes, rundes Baby. «Das ist Meier.» Meier? Sr. Gaudentia erzählt, wie sie einst aus dem Urlaub in Baldegg «nach Hause», also nach Det, kam und eine frischgebackene Mutter ihr stolz ihr Kind namens Meier präsentierte. «Wie Ihr Vater», fügte sie hinzu, als die Schwester sie verwirrt anschaute. «Die Papuas kennen keine Nachnamen, und sie glaubte, Meier sei der Vorname meines Vaters. Meier ist jetzt ungefähr vierzig Jahre alt.»

Eine Geburt hat sich ihr besonders eingeprägt. Ebenfalls aus den Anfängen der Station in Det. «Frauen kamen aufgeregt zu mir. Ich müsse kommen, eine von ihnen sei im Gebärhäuschen, das Kind sei zwar da, aber die Nachgeburt wolle sich nicht lösen. Ich musste auf allen Vieren hineinkriechen, und es war stockdunkel. Langsam gewöhnten sich meine Augen daran, da blickte ich in zwei runde, glänzende Äuglein. Es waren die Augen eines Schweins. Nach dem ersten Schrecken fasste ich mich, ich kroch zu der Frau, und es gelang mir, die Nachgeburt zu lösen. Ich nabelte dann das Kind mit einer sterilen Schere ab und glaubte, alles sei nochmals gut gegangen. Doch dann geschah etwas Schreckliches: Der Säugling, der kerngesund auf die Welt gekommen war, starb kurz darauf an Tetanus. Ich hintersann mich, wie hatte das nur geschehen können? Dann erkundigte ich mich ganz genau, was die Frauen jeweils nach der Geburt machten. So erfuhr ich, dass sie den Nabel mit Lehm bestrichen, damit er möglichst schnell austrocknete und abfiel. Es war nämlich so, dass sie mit dem Kind erst wieder in die Familie zurückkehren konnten, wenn der Nabel abgefallen war. Es infizierten sich also viele Neugeborene über den Lehm. Eigentlich kein Wunder, denn sie leben eng mit den Schweinen, die oft Träger des Tetanusbazillus sind, zusammen. Ich gab den Frauen also eine Salbe, mit welcher der Nabel sich schnell löste. Schneller als mit Lehm.»

Sr. Gaudentia merkte auch, dass viele Frauen während der Schwangerschaft fasteten. Als sie sich erkundigte, weshalb sie das taten, erhielt sie die Antwort, das Baby werde dann kleiner und demzufolge die Geburt einfacher. «Wir versuchten, den Frauen aufzuzeigen, wie wichtig eine gesunde und auch genügende Ernährung für Mutter und Kind ist.» Überhaupt habe man den Frauen oft gut zureden müssen, dass sie sich während der Schwangerschaft Sorge trugen: «Immer wieder sagten wir ihnen, dass jetzt ihre eigene Gesundheit wichtiger sei als diejenige der Schweine, die sie in ihrer Obhut hatten. Es kam auch vor, dass eine Frau, deren Mann mehrere Frauen hatte, nicht mehr zu sich selbst schaute, weil der Vater ihres Kindes sich nach einer neuen Frau umsah.»

Dass Frauen während der Schwangerschaft irgendwie medizinisch beraten oder betreut wurden, war damals ganz und gar

unüblich. Noch 2012 gaben in einer Befragung des Gesundheits-
departements der Provinz Südliches Hochland nur knapp vierzig
Prozent der schwangeren Frauen an, dass sie wenigstens einmal
in einer Schwangerschaftsbetreuung waren.

Das Gesundheitszentrum in Det war mittlerweile gemauert,
es gab ein Ambulatorium, das Sr. Kiliana unter sich hatte, und
einige Krankenzimmer, die auch für Gebärende gedacht waren.
Doch diese kamen lange Zeit nur in Notfällen. Sr. Gaudentia erfuhr
nach vielen Gesprächen die Gründe dafür: Es war undenkbar, dass
Frauen zum Gebären kamen, wenn Männer in der Nähe waren.
Also baute man ein Frauenhaus und ein Männerhaus, die weit
genug voneinander entfernt lagen. Auch hat Sr. Gaudentia den
Frauen klargemacht, dass sie auf der Station genau so gebären
könnten, wie sie wollten. «Ich fragte sie, wie sie gebären möchten:
Sie könnten bei uns in einem Bett gebären, wenn sie das wollten.
Sie müssen es aber nicht. Sie sagten, sie wollten lieber so gebären,
wie sie es gewohnt waren. Das heisst kniend. Den Kopf stützten sie
gegen einen Pfahl, die Beine gegen eine Wand, damit sie richtig
pressen konnten. Das richteten wir dann auch so bei uns ein. Wir
legten wegen der Hygiene dann einfach ein Tuch oder eine Plas-
tikblache auf den Boden. Die Frauen versteckten jeweils ein Stück
Nabelschnur im Dach, weil sie glaubten, so weniger schnell wieder
schwanger zu werden. Und die Plazenta pflegten sie zu vergraben,
da ging es auch wieder um Geisterabwehr. Als ich das realisierte,
versprach ich ihnen, ihnen ein Stück der Nabelschnur und auch die
Plazenta mitzugeben. Dann war da noch die Sitte, dass die Frau, die
geboren hatte, ein paar Wochen nach der Geburt, wenn sie nicht
mehr blutete, über eine Fläche, bedeckt mit mottenden Blättern,
springen musste, um sich zu reinigen. Im Dorf zündeten sie dazu
jeweils zwischen dem Geburtshäuschen und dem Frauenhaus auf-
geschichtete Äste und Blätter an und warteten, bis sie motteten und
rauchten. Erst wenn die Frau darüber gesprungen war, konnte sie
sich mit dem Baby in der Öffentlichkeit zeigen. In der Krankenstation war ein solches Ritual nicht möglich. Wir sprachen mit ihnen,
mit den Frauen und den Männern, ob das auch nötig sei, wenn sie
in der Station geboren hatten. Sie sahen, dass die Frauen, wenn
sie zu uns kamen, nicht mehr starben bei der Geburt, und auch

die Babys starben nicht mehr. So kamen sie überein, dass das in diesem Fall nicht nötig sei. Die Mütter blieben einfach bei uns, bis der Nabel abgefallen war, und kehrten dann heim.»

In den 28 Jahren, in denen Sr. Gaudentia in Det war, stand sie Tausenden Frauen bei der Geburt bei, es dürften wohl über 5000 gewesen sein. Nicht eine von ihnen ist gestorben. Einige musste sie nach Mendi ins Spital schicken, weil sie einen Kaiserschnitt benötigten oder andere Komplikationen eintraten, die in einer Dschungelstation nicht behandelt werden konnten. Doch keine der Frauen starb bei der Geburt. Auch die Kindersterblichkeit ging rapide zurück.

Allerdings zeigt eine staatliche Statistik zur Gesundheitsvorsorge in Papua-Neuguinea, dass noch im Jahr 2011 erst rund die Hälfte der Frauen in einem Spital oder mit Unterstützung einer Hebamme gebaren. Im Südlichen Hochland ist die Versorgung mit Krankenstationen und ausgebildetem Personal aufgrund der geografischen Lage und der oft maroden Infrastruktur besonders schlecht.

Dazu erzählt Sr. Gaudentia folgende Geschichte: «Ich wusste, dass eine Frau mit Zwillingen schwanger war. Es war ihre erste Geburt. Ich sagte ihr, sie solle doch frühzeitig zu uns auf die Station kommen, es könne sonst gefährlich für sie und die Kinder sein. Sie antwortete, sie müsse für so viele Schweine sorgen, sie könne nicht früher kommen. An einem Nachmittag fuhr dann ein Lastwagen bei uns vor, die Frau stieg aus und hatte ein Baby im Arm. Als ich sie fragte, weshalb sie nicht früher gekommen sei, lachte sie, zeigte auf ihren Bauch und sagte: ‹Eines ist noch drin.› Dann erzählte sie, dass sie, sobald die Wehen eingesetzt hatten, losgelaufen sei. Sie sei ungefähr drei Stunden unterwegs gewesen, als die Wehen so stark wurden, dass sie nicht mehr weiterkonnte. Sie sei dann in den Busch gegangen, und dort sei das erste Baby gekommen, das zweite aber kam nicht. Sie nahm das Kind, ohne es abzunabeln, ging zur Strasse zurück und stoppte einen Lastwagen, der sie dann zu uns brachte. Wir entbanden sie dann vom zweiten Baby.»

Sprach sie mit den Frauen auch über Empfängnisverhütung? Noch immer ist das für die offizielle katholische Kirche weitgehend ein

Tabuthema. In den letzten Jahrzehnten des 20. Jahrhunderts war die Haltung dazu ablehnend. Sr. Gaudentia spricht offen darüber und hat, wie so oft, nicht dogmatisch, sondern pragmatisch gehandelt. Dieses Thema sei besonders später, als es um Aids ging, wichtig geworden. Es habe aber auch vorher schon Fälle gegeben, in denen eine Frau von den vielen Geburten oder den kräftezehrenden Lebensumständen einfach so erschöpft gewesen sei, dass es für sie gefährlich gewesen wäre, schon wieder schwanger zu werden. «Wenn eine solche Frau aus eigenen Stücken zu mir kam und mich dringend bat, ihr zu helfen, dann war es meine Aufgabe, ihr auch in der Sache beizustehen», sagt sie. Und es wird klar: Pragmatisch heisst hier, nicht zu viele Worte darüber zu verlieren. Dann müssen sich die offiziellen kirchlichen Stellen auch nicht einmischen – nach dem Motto: Was ich nicht weiss, macht mich nicht heiss.

In der Sache beistehen – was heisst das nun genau? Das sei je nach Situation unterschiedlich gewesen. Zuerst habe sie immer versucht, die Frau dazu zu bewegen, gemeinsam mit ihrem Mann zu ihr zu kommen, um darüber zu sprechen. «Das war neu; traditionellerweise galt für den Mann einfach, dass er so viele Kinder wie möglich haben wollte. Dann habe ich mit ihm gesprochen, habe ihn gefragt, ob er denn genügend Land habe, um noch mehr Kinder zu ernähren. Wenn er dann nachdenklich wurde oder zugab, dass er auch nicht wisse, wie das gehen solle, sagte ich: ‹Also, lasst uns schauen, was wir machen können.›»

In erster Linie machte sie die Ehepaare mit der natürlichen Familienplanung vertraut, insbesondere der Billings-Methode, die von einem australischen Neurologen entwickelt worden war. Mit ihr wird anhand der Beschaffenheit des Muttermundschleims der Zeitpunkt des Eisprungs festgestellt. «Wir haben dann abgemacht, dass das Ehepaar keinen sexuellen Kontakt hat, bis die Frau ihren Zyklus kennt. Doch das war für die Männer schon eine rechte Veränderung. Sie mussten sich da auf etwas total Neues einlassen. Bei uns hat es ja auch lange gebraucht, bis die Männer akzeptiert haben, dass auch sie Verantwortung übernehmen müssen in der Familienplanung.»

Die Billings-Methode ist allerdings relativ anspruchsvoll, daher ist sie nicht immer die richtige Lösung. So habe sie zuweilen den Frauen den Zugang zur Pille ermöglicht. Allerdings ist ja auch diese nicht ganz einfach anzuwenden. So erzählt Sr. Gaudentia von einer Frau, die bei ihr Hilfe suchte, weil sie mehrere Fehlgeburten in Folge hatte. «Ich empfahl ihr, zwei, drei Monate die Pille zu nehmen, um den Hormonhaushalt zu stärken. Die Hoffnung war also, dass sie danach so kräftig sein würde, dass sie ein Kind austragen könnte. Bereits nach 14 Tagen kam sie wieder, weil sie blutete. Ich sagte ihr, sie solle die Pille weiternehmen, worauf sie sagte, sie habe keine mehr. Ich war verwirrt, denn ich hatte ihr eine Monatspackung gegeben. Auf mein Nachfragen antwortete sie, es sei ihr schon nach zwei oder drei Tagen so viel besser gegangen, dass sie gleich zwei Pillen pro Tag geschluckt habe, um den positiven Effekt noch zu verstärken. Es ist dann schliesslich gut ausgegangen, sie hatte später tatsächlich eine normale Schwangerschaft.»

Sr. Gaudentia erzählt aber auch eine Geschichte ohne Happy End: Sie gab einer Frau, die von den vielen Geburten völlig erschöpft war, die Pille. Die Frau vertrug die Pille gut, kam wieder zu Kräften, wollte aber wirklich kein Kind mehr. Als Sr. Gaudentia auf Heimurlaub war, verschrieb eine ihrer Stellvertreterinnen der Frau die Pille nicht mehr, und diese wurde prompt schwanger. «Es war ein herziger, gesunder Bub», erinnert sich Sr. Gaudentia. Doch eines Nachts kamen die Angehörigen mit dem schreienden Kind im Arm zu ihr und baten um Hilfe. «Die Mutter konnte das Kind einfach nicht annehmen, hat es vernachlässigt und schliesslich sogar vergiftet. Ich konnte nicht mehr helfen.»

Auch bei solchen heiklen Themen spürte sie meist Rückhalt bei ihren Vorgesetzten. Sr. Gaudentia erzählt, wie der Kapuzinerpriester Stephen Reichert, der 1995 Bischof von Mendi wurde, jeweils sagte: «Don't tell me, do it.»

Auch Sr. Martine, ab 1981 Frau Mutter in Baldegg, sagt, auf Empfängnisverhütung angesprochen: «Sr. Gaudentia weiss schon, was sie tut, und sie ist grundsätzlich auf der Linie der Kirche. Die Kirche muss sich aber auch nicht in alle Details einmischen. Es ist nicht die Aufgabe der Theologie, sich zur Antibabypille zu äussern. Sie muss die grossen Linien vorgeben. Zudem gibt es auch natürliche Methoden, um eine Schwangerschaft zu verhüten, die ohnehin besser verträglich sind. Darin kennt sich Sr. Gaudentia gut aus. Diese Methoden helfen übrigens umgekehrt auch, einen Kinderwunsch zu erfüllen, wenn es nicht klappt. Ich habe schon einige Male von Besucherinnen in Baldegg zu hören bekommen, dass sie es Sr. Gaudentia zu verdanken hätten, dass sie nach langem, vergeblichem Hoffen endlich ein Kind bekommen haben.»

Die medizinische Hilfe, welche die Baldegger Schwestern in Det leisteten, beschränkte sich natürlich nicht auf Geburtshilfe: «Unser Tag auf der Krankenstation begann in der Regel um acht Uhr morgens mit der Behandlung von ambulanten Patientinnen und Patienten. Lungenerkrankungen waren häufig, wahrscheinlich weil die Leute so oft nahe am offenen Feuer sitzen und den Rauch einatmen. Dann gab es viele Hautkrankheiten. Und Durchfall, der war vor allem bei Kindern sehr häufig. Als wir anfingen, war das Penicillin neu für die Einheimischen. Es nützte sehr schnell. Und so wollte bald jeder für jede Krankheit einfach eine Spritze. Bald mussten wir ihnen erklären, dass es nicht für jede Krankheit solche ‹Zauberpillen› oder ‹Zauberspritzen› gibt. Durch den offensichtlichen Nutzen unserer Behandlung wurde unsere ambulante Station schon bald akzeptiert. Die Einheimischen kannten damals wenige wirksame Mittel, um Krankheiten zu lindern oder zu heilen. Medizinmänner, wie es sie in Afrika oder Südamerika gab, kannten sie nicht. Das hat mit ihrem Glauben an Geister zu tun. Die Ursache von Krankheiten sind böse Geister. Also muss man herausfinden, wer schuld daran ist, dass jemand erkrankt, und sich an ihm rächen. Deshalb haben sie sich gar nicht so sehr damit befasst, wie man Krankheiten heilen oder verhindern könnte. Nach dem Besuch bei den ambulanten Patientinnen und Patienten gingen wir jeweils durch die Station, schauten nach den Schwangeren oder Wöchnerinnen und den Schwerkranken. Damals war Malaria sehr verbreitet. Nach einem oder nach zwei Jahren konnten wir mit verschiedenen Impfungen beginnen. Damals starben in tropischen Gebieten vierzig Prozent der Kinder, die an Masern erkrankten. Erst impften wir die Menschen, die zu uns auf die Station kamen, dann gingen wir in die Dörfer hinaus, um zu impfen. Wir konnten Impfstoffe gegen Masern, Tuberkulose, Tetanus, Polio und Keuchhusten organisieren. Wir haben mit der Zeit jeden Monat etwa 2000 Kinder in ihren Dörfern besucht und untersucht oder sie bei uns auf der Station behandelt, wenn es nötig war.»

Bei 2000 Kindern pro Monat, wie behält man da den Überblick, zum Beispiel darüber, welche Kinder schon geimpft sind? «Wir haben für jedes Kind ein Büchlein eröffnet, in dem wir verzeichneten, welche Impfungen oder sonstigen Behandlungen wir gemacht haben. Das gaben wir der Mutter zur Aufbewahrung. Wir selbst vermerkten dieselben Einträge auf einer Karteikarte. Wenn wir also in ein Dorf im Busch kamen, schauten wir uns die Kinder an, und die Mütter brachten die Büchlein mit. Hatten sie dieses verloren, fanden wir meist mit unseren Karteikarten heraus, um welches Kind es sich handelte. Und sonst fragten wir die Mutter, wo denn das Kind schon gepiekst wurde. Das wussten die Mütter fast immer. Nach System machten wir nämlich jede Impfung an einer anderen Stelle. Also beispielsweise die Masernimpfung am rechten Oberarm. Wenn sie also auf den rechten Oberarm zeigte, wussten wir, dass das Kind schon gegen Masern geimpft war.»

Leben im tropischen Regenwald

Sr. Gaudentias Lieblingsessen ist Spaghetti mit Tomatensauce. Doch waren Teigwaren in Papua-Neuguinea damals etwa so exotisch wie der Verzehr von Mehlwürmern bei uns. Dort ernährten sich die Menschen, wir hörten es bereits, fast ausschliesslich von Süsskartoffeln. Von Süsskartoffeln, Bananen, Blättern und Bohnen. Und eben hin und wieder von Käfern, oder es wurde eine Eidechse gebraten. Und die Schweine? Es werden doch Schweine gehalten? «Die Schweine werden für grosse Feste aufgespart und nur zu besonderen Anlässen getötet. Dann gilt es nämlich, mit möglichst vielen Schweinen zu zeigen, wie reich man ist.» Lachend fährt sie fort: «Einmal, es war im Trockenjahr 1972, sah ich in der Ferne einen langen Feuerlauf auf einem Hügel. Überall standen Frauen und schlugen mit Rutenbündel auf den Boden. Ich fragte jemanden, was die Frauen dort machten. Ob sie so das

Feuer löschen wollten. Aber nein, sie legten das Feuer absichtlich, um die Mäuse aufzuschrecken. Wollten diese dann fliehen, erschlugen sie sie, um sie zu essen.»

Auf Käfer, Eidechsen und Mäuse verzichteten die Schwestern freiwillig, doch die fast ausschliessliche Ernährung mit Süsskartoffeln und Bohnen war ihnen auch schnell zu eintönig. «Immer diese ‹Süessherdöpfle›», sagt Sr. Gaudentia nochmals. «Es gab auch auf dem Markt eigentlich nichts zu kaufen ausser Süsskartoffeln.» Wobei «kaufen» nicht ganz der richtige Ausdruck sei, es sei mehr ein Tausch gewesen. «Geld kam erst nach der Unabhängigkeit, also ab 1975, langsam in Gebrauch.» In Mendi, der nächstgrösseren Stadt, hätten sie sich ab und zu Mehl und Reis besorgt und manchmal etwas Fleisch. Auf die Frage, weshalb sie sich denn nicht Spaghetti oder andere Nahrungsmittel aus der Schweiz oder aus Australien kommen liessen, um ihren Speisezettel abwechslungsreicher zu gestalten, sagt sie: «Das geht doch nicht, wenn die Einheimischen nur Kartoffeln essen, können wir doch keinen Sonntagsbraten kochen. Da wären wir nicht mehr glaubwürdig gewesen.»

Einfach so hinnehmen wollten die Schwestern diese einseitige, vor allem auf Kohlenhydraten beruhende Kost aber nicht, zumal diese nicht gesund ist, auch für die Einheimischen nicht. «Wir legten daher bei unserem Haus und beim Spital Gärten an, wie sie es auch rund um ihre Häuser tun. Wir pflanzten dort wie sie Süsskartoffeln und Bohnen und zogen Bananen. Aber eben auch andere Nutzpflanzen. Die Einheimischen beobachteten das genau. Wir machten es dann so: Wenn jemand im Spital lag, kamen immer auch Angehörige mit. Diese mussten dann jeden Tag zwei Stunden im Garten arbeiten und in der Küche mithelfen, das Geerntete zuzubereiten. So lernten sie auch andere Früchte und Gemüse kennen, Broccoli und Blumenkohl zum Beispiel. Oder Karotten. Passionsfrüchte. Vor allem Sr. Monica Pia hat sich darum gekümmert. Und ich gab jeder Frau, die bei uns geboren hatte, fünf Ananasschösslinge mit. Ananas kannten sie nicht, die gedeihen aber sehr gut in dem Klima. Ich sagte jeweils, dass die erste Ananas, die geerntet werde, dem Baby gehöre, die anderen vier seien für die Familie. Als uns die erste Ananas aus dem Garten gestohlen wurde, wusste ich, dass es funktionierte. Heute wachsen in allen Gärten Ananas und auch anderes Gemüse.»

Am Anfang wohnten die Schwestern in einem einfachen Haus aus Sperrholz mit einem Wellblechdach – nicht anders als die Einheimischen auch. Sie sammelten das Regenwasser in einem Tank. «Trinkwasser hatten wir genug, auch wenn wir es abkochen mussten. Überhaupt herrscht in der Region keine Wasserknappheit. Es regnet jeden Tag.»

In ihrem Haus gab es fünf kleine Zimmer mit einem Bett und einem kleinen Tisch, für jede Schwester eines. Und eine kleine Küche mit einem Holzherd, der auch einen Wassertank aufwärmte, sodass sie warmes Wasser hatten. «Sr. Sixta kochte für uns. Nach einigen Monaten lernte sie zwei einheimische Mädchen an. Sie lernten von ihr manches, was sie auch zu Hause anwenden konnten. Sr. Sixta war sehr gut in solchen Dingen. Als dann das Spital mit der Zeit reger besucht wurde, mussten wir ausbauen.»

Nun nimmt Sr. Gaudentia einen Stift zur Hand und beginnt mit schnellen Strichen die Missionsstation in mein Notizheft zu skizzieren. Dieses im eigentlichen Sinne anschauliche Erzählen ist typisch für sie. Wenn sie sich etwas in Erinnerung rufen will, scheint sie oft längere Zeit geistesabwesend, doch offensichtlich tut sie das mit Bildern, die sie memoriert. «Da war unser Wohnhaus, hier die Flugpiste, in der ersten Zeit existierte noch keine Strasse nach Det.» Sie hält kurz inne: Als dann eine gebaut war, sei ihr Zustand oft so schlecht gewesen, dass sie trotzdem meist zu Fuss unterwegs war. Stundenlang. Zudem habe sich durch die Strasse die Malaria aus der Küstenregion zu ihnen ins Hochland ausgebreitet. «Vorher gab es bei uns keine Malaria. Viele sind daran erkrankt. Viele sind auch gestorben.» Irgendwann später wird Sr. Gaudentia erzählen, dass auch sie von dieser Krankheit betroffen war. Jetzt setzt sie den Stift wieder an: «In der Mitte stand unser erstes Haus, mit Zementboden, Spanplatten und Blechdach, denn es war wichtig, dass man es sauber halten konnte. Im grossen Raum war das Ambulatorium untergebracht, daneben, hinter der Türe, war der Bereich, wo wir die Instrumente sterilisierten. Von dort aus kam man linker Hand in einen Raum für die Wundversorgung, rechter Hand war ein Zimmer, in dem wir Schwerkranke isolieren konnten. Auf der anderen Seite des Ambulatoriums waren ein Büro und die Apotheke. Gebaut hat das Haus ein amerikanischer Kapuziner, wir sagten ihm, wo wir überall Wasser brauchten.» Nun zeichnet sie mit kleinen Kreuzen die Stellen ein, wo sie ein Waschbecken gewünscht hatten. «Der Bruder schüttelte den Kopf, das seien viel zu viele, ein Wasserzugang, also ein Lavabo, reiche. So viele, das sei übertrieben... Da rief ich in Baldegg an und fragte, ob sie dem Bruder etwas Geld überweisen könnten, damit er die Wasserstellen einbauen könne. So geschah es dann, und wir dankten Gott und dem Kloster jedes Mal für die kurzen Wege, die wir gehen mussten, um uns die Hände zu waschen oder Material zu säubern.»

Dann zeichnet sie drei weitere Häuser, die aneinandergrenzen: das dreiteilige Spitalgebäude. «Wir konnten die Pläne selbst zeichnen, und gebaut wurde es aus Buschmaterial. Darin lagen die Patienten auf Pritschen. Die hatte ich so vorgezeichnet, dass man sie heraufklappen konnte, was vor allem beim Reinigen sehr praktisch war. Auch gewannen wir so Platz, wenn nicht alle Betten besetzt waren. Bis zu vierzig Patienten konnten wir dort versorgen. Bald kamen eine Maternité dazu für Frauen und Kinder und dann, auf der anderen Seite, ein Männerhaus. Wir brauchten auch Unterkünfte für die Angehörigen, denn die Kranken kamen nie allein und wurden auch nicht alleingelassen, wenn sie in stationärer Pflege waren. Deshalb war eine Küche nötig, in der sie ihre Süsskartoffeln kochen konnten. Es kamen immer mehr Gebäude dazu, nicht nur weil immer mehr Kranke zu uns kamen, sondern auch, weil wir mit der Zeit herausfanden, wie wir uns am besten organisierten. Es war und ist aber aufwendig, die Häuser instand zu halten. Das Klima greift das Material stark an. Wir haben dann nach und nach die meisten Gebäude gemauert.»

Auch das Wohnhaus der Schwestern wurde etwas komfortabler, es wurde um eine Art Wohnzimmer, ein Esszimmer und ein Arbeitszimmer erweitert. Und schliesslich baute man ein kleines Schulgebäude. «Sr. Lukas hat dort mit einer zweiten Klasse gestartet, Sr. Sibille eröffnete einen Kindergarten. Es war nicht einfach, einen einigermassen geordneten Schulbetrieb durchzuführen, denn die Kinder kamen und gingen anfangs, wie es ihnen gefiel. Auch gab es keine Schulpflicht, was heute noch so ist. Das heisst, es sassen kleine und grössere Kinder in derselben Klasse. Später unterrichtete unsere Sr. Daniel an einem einheimischen Lehrerseminar. Sie erzählte uns, dass sie den angehenden Lehrern im Rechnen den Schulstoff der Fünftklässler beibringen musste. Besonders Spass hat den Schülerinnen und Schülern der Musikunterricht bei Sr. Paulus Maria Marfurt gemacht, die ihnen unter anderem das Gitarrenspielen zeigte. Das mochten sie sehr gerne.»

Und wo war die Kirche? «Die Buschkirche lag etwas ausserhalb, etwas erhöht in Richtung des Dorfes. Es war aber nicht eine Kirche, wie man sie sich vielleicht vorstellt. Es war einfach ein grosses Haus, in dem man sich treffen konnte. Der US-amerikanische Kapuziner Benjamin Madden, der 1966 die Missionsstation in Det aufgebaut hatte, lebte in Mendi und besuchte sie zwei- bis dreimal pro Monat. Er hatte für die Seelsorge der Dorfbewohner einen einheimischen Katecheten ausgebildet. Nach unserer Ankunft blieb Pater Benjamin dann stationär in Det. Er hatte ein Haus für sich allein.» Die Christianisierung hatte also bereits ihren Gang genommen, als die Baldegger Schwestern im Südlichen Hochland ankamen. Auf meine Frage, wie die Einheimischen damit umgegangen seien, wie sie konkret ablief und ob in der Schule Bibelkunde unterrichtet wurde, erzählt Sr. Lukas: «Bibelkunde? Nein, es war Lebenskunde. Es ging nicht gezielt darum, den Kindern und Jugendlichen unseren Glauben aufzudrängen. Wir sprachen über das, was sie beschäftigte. Wir erzählten ihnen aber auch von unserem liebenden Gott, der nicht auf Vergeltung aus ist. Dabei ging es um die Vermittlung christlicher Grundwerte, allen voran um Nächstenliebe.» Sr. Gaudentia ergänzt: «In der Gesundheitsversorgung spielte es nie eine Rolle, ob jemand getauft war oder nicht. Wir haben das in unserem Register auch gar nicht erfasst.» Die beiden erinnern sich gut an die erste Taufe. Sr. Gaudentia erzählt: «Das war 1971. Ein riesiges Fest für ungefähr sechzig Täuflinge, die meisten schon erwachsen. Es wurde wochenlang vorbereitet. Mit der Zeit bürgerte es sich dann ein, dass jeweils an Ostern alle im Jahr zuvor Geborenen zusammen getauft wurden.» Eine andere Taufe, eine, die nicht stattfand, ist ihr ebenfalls in

Erinnerung geblieben: «Die Täuflinge waren einige junge Männer, der Priester ein junger Kapuziner. Die Täuflinge freuten sich sehr auf die Taufe und feierten am Abend zuvor ein grosses Fest, vergleichbar mit dem Brauch in Europa, vor der Hochzeit einen Polterabend zu veranstalten. Kurzum, sie waren am Morgen, als der Priester kam, betrunken. Wir Schwestern waren auch zur Taufe eingeladen. Die findet bei uns jeweils in einem Bach statt, in den der Täufling und der Priester steigen. Der Priester war etwas überfordert, kam zu uns und fragte, was er denn machen solle, er könne die doch nicht in diesem Zustand taufen! Das sagte man ihnen dann. Da sprang einer der Männer – samt seinem Federschmuck auf dem Kopf – mit Anlauf von einem Stein in den Bach und rief laut: ‹Ich will getauft werden!› Alle mussten lachen. Auch der Priester. Die Taufe wurde dann auf einen späteren Zeitpunkt verschoben.»

Doch wie übten die Schwestern ihr klösterliches Leben aus, das gemeinsame Beten? «Es war uns nicht möglich, die vier Zeiten der Stundengebete, wie sie eigentlich in unserem Orden vorgesehen sind, einzuhalten. Wir Schwestern beteten jeweils einfach am Morgen zusammen und dann nach Feierabend wieder. Tagsüber hatten wir schlichtweg keine Zeit dazu. Am Sonntag besuchten wir zusammen mit den Einheimischen den Gottesdienst. Das war immer ein sehr schöner Abschluss der Woche. Und ein guter Anfang für die kommende.»

Hatte sie, vor allem in den ersten Monaten, als so vieles fremd war, manchmal Heimweh? «Nein, nein.» Störte es sie nicht, dass sie fast sämtlichen Komfort entbehren musste, den die Mitschwestern in der Schweiz hatten? «Überhaupt nicht. Es reichte immer für das Nötigste. Wir hatten hin und wieder Ethnologen zu Besuch. Die freuten sich jeweils sehr über eine warme Dusche. Das zeigt doch, dass es uns verhältnismässig gut ging. Und was wir am Anfang nicht glaubten: Auch an die Läuse und Flöhe gewöhnt man sich. Psychologisch wichtig war, dass wir jederzeit hätten zurückkehren können, wenn wir krank geworden oder unsere Arbeit nicht mehr erwünscht gewesen wäre. Es ist sehr wichtig, dies zu wissen. Aber es ist schon so: Wenn ich in Baldegg auf Urlaub war, freute ich mich zuerst einmal auf ein warmes Bad.»

Auf einem solchen Urlaub ist Sr. Gaudentia zum Zeitpunkt dieses Gesprächs. Schwestern, die in der Mission tätig sind, reisen in der Regel alle drei Jahre für drei Monate nach Baldegg zurück. Dann findet ein Standortgespräch mit der Klostervorsteherin statt. Zudem werden die Schwestern zum Zahnarzt und zum Augenarzt geschickt und allgemein gesundheitlich durchgecheckt. Als ich Sr. Gaudentia auf Heimweh ansprach, hat mich ihre Antwort zuerst verwirrt, da sie eine andere Perspektive einnahm, als ich erwartet hatte. Sie antwortete: «Am Anfang freue ich mich immer sehr darauf, meine Mitschwestern zu sehen und auch auf das geregelte Leben im Kloster. Dann vermisse ich die Menschen dort kaum. Aber nach ungefähr zwei Monaten beginne ich zu denken, was sie jetzt gerade wohl machen, wie es ihnen wohl geht? Hat diese oder die andere Frau ihr Kind jetzt schon bekommen? Ist es gesund?» Heimweh geht eben in beide Richtungen. Auf mein Nachfragen, wo sie denn zu Hause sei, sagt sie: «Die Wurzeln sind da, in der Schweiz, wo ich aufgewachsen bin und wo meine Familienangehörigen sind. Ich gehe sie gerne besuchen, wenn ich auf Urlaub bin, und freue mich auf sie. Aber wenn ich zurück bin, gehöre ich wieder ganz dorthin.»

Zwei Wochen nach ihrer Rückkehr nach Papua-Neuguinea erreicht mich folgendes Mail von ihr – ihre englische Tastatur kennt die Umlaute nicht. Auch merkt man der Satzstellung an, dass sie wieder begonnen hat, englisch zu denken. «Ich bin bereits 2 Wochen zurueck in PNG. Wir haben die lange Reise ohne Zwischenfaelle ueberstanden, nur hier in PNG hatten sie Probleme in Mendi. Und Air New Guini flog nicht. So musste das Ticket umgebucht werden ueber Mount Hagen und by road (4 Std) nach Mendi. Auch diese ueberstanden wir, aber waren mehr als muede. Doch nach 2 Wochen sind wir wieder voll an der Arbeit.»

Einige Wochen später maile ich ihr die ersten Kapitel dieses Buches, die von ihrer Kindheit handeln und wie es dazu kam, dass sie ins Kloster eintrat. Ich schreibe dazu, dass ich grossen Respekt davor hätte, mit den Texten über ihr Leben in Papua-Neuguinea zu beginnen. Ich füge an, es sei mir alles so fremd, was sie darüber erzähle. Ich sei daher nicht sicher, ob es mir gelingen werde, dem gerecht zu werden. Ihre Antwort ist schlicht: «Papua-Neuguinea ist sicher für dich fremd; wenn man nie in Berührung mit den Leuten gekommen ist, ist dies normal. Doch mit all den Geschichten, die wir dort erlebten und von denen ich Dir erzählte, rückt es auch bei Dir näher.» Am nächsten Tag beginne ich mit dem Kapitel über Det.

Zu den Geschichten, die sie dort erlebte, gehörten auch solche: «Wir mussten vor allem am Anfang auf vieles gefasst sein und oft improvisieren. Wenn sie mit einem kranken Schwein zu mir kamen, musste ich doch auch irgendwie helfen. Wir mussten vieles selbst erfinden und merken, was nötig war. Es brauchte eben etwas Erfindungsgeist. Sprang ein Lastwagen nicht an, konnten wir nicht irgendwoher einen Abschleppdienst rufen. Den musste ich selbst flicken. Oder ich musste ein Rad wechseln. Wenn der Motor absäuft, musst du eben etwas mehr Gas geben. Solche Dinge lernt man schnell, wenn man muss. Und du weisst ja, wir Meiers sind alle praktisch veranlagt. Ich hatte allerdings noch gar keinen Fahrausweis, als ich in Papua-Neuguinea ankam. Ich war zwar manchmal auf dem Hof mit dem Traktor gefahren, und bevor ich abreiste, kurvte ich mit meinem Bruder Alfons, der schon ein Auto hatte, etwas in der Umgebung herum. Den Führerausweis machte ich aber erst in Papua-Neuguinea. Ich habe auch den Ausweis zum Führen eines Lastwagens. Gut, mit einem Lastwagen rückwärts einzuparken, ich weiss nicht, ob ich das könnte. Parken muss man bei uns sowieso fast nie, man stellt das Auto einfach irgendwo ab, und wenn es eine Beule hat, spielt das keine Rolle. Es ist sogar besser, wenn es etwas alt und zerbeult aussieht. Dann wird es weniger gestohlen. Auch bleibt man in diesem unwegsamen Gelände eins, zwei irgendwo stecken. Aber auch darauf war ich eigentlich von Jugend auf vorbereitet: Unsere Äcker in Waltenschwil waren ähnlich beschaffen wie die Strassen in PNG. Am Anfang hatten wir per Funk Verbindung mit der Missionsstation in Mendi. Die nahm jeden Morgen Kontakt mit den Aussenstationen auf, um zu erfahren, ob alles in Ordnung war. Und wenn eine von uns unterwegs zu einer Aussenstation war, meldeten wir das. So würden wir es merken, sollte etwas geschehen. Sr. Lukas war einmal im Busch, und um sechs Uhr abends war sie noch nicht zu Hause, und auch um sieben Uhr nicht. Wir waren schon sehr beunruhigt. Zwar gibt es keine gefährlichen Tiere in dieser Gegend. Es hat zwar Schlangen, aber keine sehr giftigen. Wildschweine gibt es auch…»

Später kommt Sr. Lukas dazu und erzählt selbst, was sich damals abspielte: «Ich fuhr mit Frater Jim für die Sonntagsmesse in den Busch; etwa anderthalb Stunden mit dem Suzuki. Auf dem Heimweg um vier Uhr nachmittags machte der Motor Probleme und wir mussten Hilfe holen. Ein junger Mann im Tal half uns. Dann fuhren wir los, den sehr steilen, engen und steinigen Berg hinauf. Oben lag ein grosser Baumstamm über der Strasse. Unsere Beifahrer fürchteten sich und verschwanden sofort im Wald. Männer kamen auf uns zu und forderten uns auf, auszusteigen. Ich blieb sitzen. Frater Jim war so erschrocken, dass er mir in letzter Minute den Autoschlüssel in die Hand drückte. Den wollten die Männer unbedingt, und sie bedrängten mich mit einem grossen Buschmesser und einem selbst gebastelten Gewehr. Ich fragte dann, ob sie ihre alte Mutter nicht auch gnädig behandeln würden. Doch dann wurde der Anführer recht aggressiv und wollte mein Handgelenk brechen, um den Schlüssel zu erhalten. So gab ich nach. Sie rissen mich aus dem Auto und stiegen ein. Sie hatten etwas Mühe, das Auto in Bewegung zu setzen, zu wenden und zu lenken. Doch sie fuhren los, zurück, hinunter ins etwa drei Kilometer entfernte Tal. Weil wir dort kurz zuvor um Hilfe gebeten hatten, wussten die Männer, wem das Auto gehörte, und es gelang ihnen, es den Gaunern zu entwenden. Wir warteten währenddessen darauf, dass uns irgendjemand in das zwanzig Kilometer entfernte Mendi mitnehmen würde. Kein Auto, kein Mensch weit und breit. Wir hofften, die Mitschwestern würden uns beim Nachtessen vermissen und Hilfe in unsere Richtung senden. Damals gab es noch kein Handy. Wir gingen dann ein Stück weit zur ersten Niederlassung, wo wir am Strassenrand warteten; wir wollten das Auto nicht verpassen, sollten sie uns von Mendi her kommend suchen. Es wurde dunkel, kein Licht weit und breit. Um etwa acht Uhr endlich kamen dann zwei Brüder in einem Toyota Landcruiser. Sie sagten, sie wollten zuerst ins Tal und den gestohlenen Suzuki holen. Ich zweifelte, dass dieser noch ganz sei. Doch siehe da, nach etwa vierzig Minuten kamen sie mit dem Suzuki zurück, und wir konnten beruhigt einsteigen und heimkehren. Es war mittlerweile 22.30 Uhr, als wir endlich in Mendi ankamen; wir waren müde und hungrig, aber sehr, sehr dankbar dafür, dass alles gut geendet hatte.»

Medizinische Hilfe für Schweine, Reifenwechsel, Motoren wieder zum Laufen bringen – wie hat sie das alles gelernt? «Ich beobachte, wie es andere machen, frage Leute, die das können, und lese dann in Büchern nach. So lernt man viel und schnell. Wir bauten in Det auch ein kleines Wasserkraftwerk. Father Ben und ein Laienbruder recherchierten, was wir brauchten. Father Ben war ein guter technischer Zeichner, er fertigte Zeichnungen davon an. Diese zeigte ich meinem ältesten Bruder Albert. Er setzte die Vorgaben von Father Ben um, bestellte und lieferte die Teile, das Kloster Baldegg bezahlte sie. Der erste Aufbau scheiterte zwar, das Kraftwerk brach in sich zusammen. Beim zweiten Anlauf klappte es dann. Wenigstens halbwegs. Etwas später kamen mein Bruder Alfons und mein Schwager Hans Schmid, der Elektriker war, nach PNG, um bei den komplizierteren elektronischen Einrichtungen zu helfen. Brauchten wir später Ersatzteile, rief ich Albert in Waltenschwil an, der hat uns dann bestellt und geschickt, was wir brauchten. Als aber der Laienbruder wegzog, hatten wir niemanden mehr, der das Kraftwerk bediente und wartete. Da habe ich das übernommen, und die Schülerinnen halfen mir dabei. Es gab gar nicht so viel zu tun. Wir konnten das schon selbst. Wir mussten einfach regelmässig schauen, dass alles richtig läuft, und hin und wieder ölen.»

Das Wasserkraftwerk sorgte bei den Einheimischen für viel Aufregung. «Sie sahen das Wasser reinfliessen, Kabel hinausragen, die zu Lampen führten, die dann Licht gaben. Am Anfang fragten sie mich, wo denn jetzt das Wasser hin sei. Sie standen immer wieder unter den Lampen und schauten abwartend hoch. Sie konnten sich nicht erklären, wo das Wasser hingekommen sein könnte und wie das mit dem Licht zusammenhängt. Mit der Zeit erzeugten wir auch mit Solarpanels Strom, doch mussten wir ständig schauen, dass uns diese nicht gestohlen wurden. Denn die Einheimischen begriffen schnell, wie nützlich Strom ist.» Als Sr.

Gaudentia einmal zu früh in der Pflegerinnenschule ankam und die Schülerinnen noch nicht da waren, ging sie ihnen entgegen. «Ich fand einige mit elektronisch verstärkten Gitarren, die sie an Solarpanels angehängt hatten. Es war mir sofort klar, dass sie diese irgendwo gestohlen hatten. Das war nicht so schwierig, denn an den Masten der Funkstation von Mendi waren Solarzellen montiert. Ich sagte: ‹Passt nur auf, dass euch die Polizei nicht mit diesen gestohlenen Panels erwischt.› Da sagten sie: ‹Die waren schon da. Es gibt keinen Ärger, wir haben ihnen einfach auch ein paar gegeben.›»

Als sie allmählich besser wusste, wie der Alltag der Einheimischen aussah, und deren Rituale verstand, sei alles einfacher geworden, sagt Sr. Gaudentia. Sie erzählt, wie erstaunt sie war, dass die Papuas im Hochland ihre Hütten nicht im Tal, sondern immer auf Hügeln bauten. Das sei doch viel mühsamer, fand sie. Und in der Schweiz sei auch zuerst der Talboden besiedelt worden. Dann verstand sie, dass die Dörfer in den Höhen besser vor Feinden geschützt sind. Wie in der Schweiz die Burgen. Sr. Gaudentia erzählt weiter: «Blutige Sippenkämpfe ereignen sich immer wieder, daher ist es wichtig, dass man eine Siedlung gut verteidigen kann. Das geht am Hang besser als im Tal, weil man den Feind früher bemerkt. Nachts mussten immer zwei Mitglieder der Sippe Wache halten. Damit sie nicht einschliefen, hatte man ihnen Läuse aufgesetzt. Ich musste immer lachen, wenn ich das sah. Richtig schlau finde ich das. Und es ist wirkungsvoll. Die Angst vor Angriffen ist tief in ihnen verwurzelt, daher wittern sie immerzu Gefahr oder Verrat. Das erlebte ich zu Beginn stark, es war daher nicht leicht, ihr Vertrauen zu gewinnen. Wenn ich zum Beispiel einem Mann ein Glas Wasser reichte, damit er eine Tablette schlucken konnte, schluckte er sie ohne Wasser oder brachte sein eigenes mit, aus Angst, das Wasser sei vergiftet. Denn einen Wasserhahn hatten sie noch nie gesehen. Das schien ihnen Teufelswerk.»

Als sie das sagt, hält sie inne. «Natürlich nicht Teufelswerk! Sie glauben aber an einen bösen Geist. Er heisst Sanguma und wohnt allem Schlechten und Unheilbringenden inne. Sie kennen aber auch einen guten Geist, Jekele. Dieser starke Dualismus zwischen Gut und Böse und auch ihr Ahnenglauben halfen dabei, dass sie die Geschichten aus der Bibel nachvollziehen konnten. Wir sagten: Es ist dieser gute Gott, den wir euch verkünden wollen. Wie weit wir sie damit wirklich erreichen, ist schwer zu sagen. Viele lassen den christlichen Glauben zwar an sich herankommen, haben ihn aber nicht verinnerlicht. Doch geht es ja auch nicht darum, ob sie nun ‹Jekele› oder ‹Gott› sagen. Es geht um die ethischen Werte, hier setzen wir an.»

Im Frühling 2019 besuche ich zusammen mit Sr. Lukas und Sr. Gaudentia das Völkerkundemuseum in Zürich. Wir werden von Andreas Isler, dem für Ozeanien zuständigen Kurator, und seiner Kollegin Paola von Wyss-Giacosa geführt, die das Manuskript zu diesem Buch bereits gelesen hatten. In einem der Ausstellungsräume geht es unter anderem um Westpapua. Die beiden Baldegger Schwestern stehen vor der Vitrine und fachsimpeln über die dort ausgestellten urtümlichen Musikinstrumente. Isler hört mit wachsendem Interesse zu, denn bald wird klar, dass sie mehrere dieser Objekte nicht aus dem Museum, sondern aus ihrem Alltag kennen. Bei einer Art Mundharfe erfährt er erstmals, wie genau diese gespielt wird. Sr. Lukas erklärt es ihm anschaulich – natürlich ohne das Instrument zu berühren. Es wird uns klar: Sie haben selbst den Klang dieser «Museumsstücke» noch in den Ohren.

Interessiert hat die beiden Schwestern vor allem alles, was mit dem alltäglichen Leben zu tun hat. In einer Sonderausstellung geht es um Sensen. Schweizer Sensen, die je nach Region etwas anders aussehen, weil es ja eben einen Unterschied macht, ob sie im steilen oder im flachen Gelände benutzt werden. Hier können sie lange verweilen, wohingegen sie jenen Bereichen, in denen es um eher künstlerische Exponate geht, nicht viel Aufmerksamkeit schenken.

Wer Sr. Gaudentia kennt, den erstaunt das nicht. Sie interessierte sich bereits von Beginn ihres Aufenthalts in PNG bis ins Detail für den Alltag, die Riten und Gebräuche der Papuas. «Man kann Missverständnisse vermeiden, wenn man sie kennt, versteht und akzeptiert. So lässt sich leichter gegenseitiges Vertrauen aufbauen.» Gezeigt hat sich das eindrücklich im Zusammenhang mit den Ritualen rund um die Geburt. Erst als sie verstand, wie wichtig es war, dass die Wöchnerinnen ein Stück der Nabelschnur heimnehmen konnten, kamen diese zur Niederkunft ins Buschspital. Auch an der Bekleidung, der Körperbemalung oder am Schmuck könne man viel ablesen. Ihr ehrliches Interesse zu verstehen, wie die Einheimischen leben, ihre Offenheit und ihre Glaubwürdigkeit haben dazu geführt, dass sie sehr bald breit akzeptiert wurde. Es dauerte nicht lange, bis ihr die Sippe von Det feierlich eine Muschel überreichte, als Zeichen, dass sie nun zu ihnen gehöre.

Die Schwestern bekamen in Papua-Neuguinea alle paar Jahre Besuch aus Baldegg, damit man sich im Kloster ein Bild von den Verhältnissen machen konnte, welche auf der Missionsstation herrschten. So kam 1971 die damalige Vorsteherin der Gemeinschaft, Frau Mutter Sr. Hedwig Strebel, zur Visite nach Det. Ein Jahr später traf Sr. Martine Rosenberg ein, um zu schauen, wie es ihren Mitschwestern drei Jahre nach der Ankunft in der Fremde ging. Wie hat sie Sr. Gaudentia damals erlebt?

«Sie war ganz natürlich, fand aber kaum Zeit, zu verschnaufen. Sie hatte eine schwierige Aufbauarbeit hinter sich, und vieles lastete allein auf ihren Schultern, auch wenn sie von Sr. Sixta stark unterstützt wurde. Es ging nicht alles von Beginn an glatt, sie musste manche Enttäuschung einstecken, und sie war als Krankenschwester fast Tag und Nacht beansprucht. Sie war abgeklärt und ausgeglichen, obwohl sie es wirklich streng hatte. Sie wurde oft von Einheimischen aus der Gemeinschaft herausgeholt, auch in der Nacht. Sie wollten speziell sie, weil sie medizinische Hilfe brauchten. Die Schwestern, welche Unterricht erteilten, waren weniger gefragt. Sie mussten anfangs gar froh sein, wenn sich überhaupt jemand dafür interessierte. Es gab auch andere Schwestern, die im Spital arbeiteten, aber die Einheimischen fragten immer nach Sr. Gaudentia. Das war gruppendynamisch nicht immer einfach, aber sie war schon damals eine starke Persönlichkeit und genoss auch vom Bischof grosses Vertrauen. Sie war für ihn die hauptsächliche Ansprechperson. Bei späteren Besuchen realisierte ich, dass sie auch oft geholt wurde, wenn es irgendwo

Streit zu schlichten gab. Sie hatte es mit ihrer besonnenen Art und dem pragmatischen Handeln bald geschafft, das Vertrauen der Einheimischen zu gewinnen.»

Nun erzählt Sr. Gaudentia von den traditionellen Festen, die im Leben der Papuas einen grossen Stellenwert einnehmen. Dazu gehört das Mumu, das sie bei Heiraten, Friedensschlüssen oder bei wichtigen Besuchen veranstalten. Im Mittelpunkt dabei steht, wie so oft in Papua-Neuguinea, das Schwein, das in ihrem sozialen und wirtschaftlichen Leben eine wichtige Rolle spielt, bei diesem Fest allerdings auch eine undankbare. Es wird nämlich geschlachtet. «Mumu» heisst auf Pidgin «Pigkill». Sr. Gaudentia kann den Ablauf dieser Feier, die oft auch zusammen mit anderen befreundeten Sippen durchgeführt wird, minutiös beschreiben. Es ist im Prinzip ein grosses Festmahl, bei dem manchmal 200 oder 300 Schweine geschlachtet werden. «Dabei müssen auch die Männer richtig arbeiten», sagt sie sichtlich zufrieden. «Denn die Zubereitung des Schweins ist ihre Aufgabe.» Dann fährt sie in der Beschreibung fort: «Einige Männer, die früher noch die traditionelle Kleidung und einen Kopfschmuck trugen, überwachen das Zeremoniell. Zuerst wird ein Feuer gemacht, in dem sie faustgrosse Steine erhitzen. Diese werden in eine flache Grube gelegt. Kinder und Frauen sammeln währenddessen grosse Bananenblätter, Kräuter und schnipseln Gemüse, vor allem Süsskartoffeln, aber auch andere Knollen und Wurzeln.» Sie unterbricht ihre Erzählung kurz: «Warte, ich habe irgendwo Bilder davon. Schau, da, diese Frau bringt das Schwein, sie weint fast, weil sie es hergeben muss. Die Schweine gehören bei ihnen zur Familie. Das ist aber auch ein herziges Säuli, oder? Ein Mann erschlägt das Tier mit einem Hammer, die Borsten werden abgebrannt, dann wird das Schwein aufgeschlitzt und ausgeweidet. Die Frauen waschen die Eingeweide im Fluss, füllen den Magen mit Gemüse und braten sie separat über dem Feuer oder legen sie auch in die Kochgrube. Das Gemüse und die Kräuter breiten sie auf Bananenblättern aus, die sie dann auf die heissen Steine legen und wieder mit Bananenblättern zudecken. Dabei gehen sie sehr sorgfältig vor und legen die Blätter in schönen Mustern. Darauf legen sie die beiden Schweineseiten und den Schweinskopf. Alles wird wieder mit Blättern und Gras bedeckt. Als Zangen benutzen sie Stecken, die vorne gespalten sind. Dann kommen wieder heisse Steine drauf und Erde drüber. So gart das Ganze, stundenlang. Währenddessen wird gesungen und getanzt. Ist das Fleisch gar, wird das Schwein herausgehoben und zerteilt. Dabei überwacht der Zeremonienmeister ganz genau, dass die Stücke richtig verteilt werden. Die Frauen bekommen den Kopf und die Innereien, die Männer die Schinken und Koteletts. Uns Schwestern bringen sie jeweils auch von den besseren Stücken. Sie zeigen ihre Wertschätzung in der Menge Fleisch, die sie zuteilen.»

Als Sr. Gaudentias jüngster Bruder José und seine Frau Annamarie mit Sohn Dominik im Dezember 2015 Sr. Gaudentia besuchten, wurden sie zu einem solchen Fest eingeladen. «Ganz so traditionell, wie es Sr. Gaudentia eben erzählte, war es schon nicht mehr», erzählt José Meier. «So trugen die Männer T-Shirts und Shorts. Doch war es für uns immer noch überwältigend. Wir kamen kaum nach mit Schauen.» Es sei überhaupt ein Sinnesspektakel gewesen, all die Farben, die Tänze, die Musik, die Gerüche. «Und es dauerte stundenlang.» Dann wurde das Fleisch verteilt. «Wir waren froh, dass sie uns nicht von den Weichteilen brachten. Die bekamen vor allem die Frauen. Den Gästen gaben sie richtige Fleischstücke. Mit dicken Fettschichten.» Man sieht ihm die Irritation an, während er zurückdenkt. «Wir sind es uns schon nicht gewohnt, die Zähne einfach so ins Fett zu schlagen. Als Hobbykoch hatte ich aber eine Idee. Ich schnitt die Fettschicht ab, ging ins Schwesternhaus, wo es Pfannen gab, und machte aus dem Fett und etwas Salz Grieben. Es ergab fast ein Kilogramm. Als Sr. Lukas das sah, sagte sie, sie bringe sie ins Spital. Die Patienten erhielten jeweils nur eine eigentliche Mahlzeit pro Tag, die meist aus Reis bestand. Sr. Lukas streute die Grieben darüber, was den Kranken offenbar sehr schmeckte.»

Sr. Gaudentia fiel nach den ersten paar «Pigkills» in den Siedlungen um Det auf, dass danach immer mehrere Kinder erkrankten oder gar unter grossen Schmerzen starben. Sie ging der Sache nach und mutmasste, dass es sich dabei um Eiweissvergiftungen handeln könnte. «Ihre Bäuche waren jeweils furchtbar aufgedunsen, die Därme ganz schwarz. Die Einheimischen nannten das in Pidgin ‹Pigbell›, also Schweineglocke. Den Kleinen fehlte es an Enzymen, um tierisches Eiweiss aufzuspalten. Sie assen es ja nur selten, vielleicht, wenn sie einmal eine Heuschrecke gefangen hatten, zum Beispiel. Sie haben einen Mangel an tierischen Eiweissen. Auch pflanzliche Proteine nehmen sie unregelmässig zu sich, eigentlich nur durch Bohnen, die sie im September anpflanzen und nach der Ernte in kürzester Zeit alle aufessen. Sie verspüren jeweils eine solche Lust auf Nahrungsmittel mit Eiweiss. Ich riet ihnen, sie sollten den Kindern bei ‹Pigkills› nicht so viel Fleisch aufs Mal geben und vor allem nur gut durchgebratene Stücke und keine Innereien. Danach wurde das wirklich besser. Grundsätzlich rieten wir ihnen, das ganze Jahr über Bohnen oder andere proteinhaltige Nahrungsmittel in kleinen Mengen zu essen, damit sie sich daran gewöhnen.»

Andere Feste, die Singsing, sind vor allem geprägt durch Tänze, farbenfrohe Masken oder Körperbemalungen und Kostüme. Das grösste findet in der Regel im September statt und ist ein ritualisierter Wettkampf zwischen verschiedenen Stämmen. Dasjenige von Goroka im Östlichen Hochland gilt als grösstes indigenes Festival der Welt, zu dem in den letzten Jahren gegen 200 000 Besucherinnen und Besucher kamen. Die ritualisierten Wettkämpfe, die unter den Stämmen stattfinden, sollen Sippenkriege ersetzen, ganz ähnlich, wie dies einst im alten Griechenland bei den Olympischen Spielen der Fall war. Sr. Gaudentia zeigt anhand von Bildern, wie man am aufwendigen Federschmuck die Sippenzugehörigkeit ablesen kann. «Beim Singsing sieht man auch heute noch die Kleider, die sie früher trugen, als wir in Papua-Neuguinea ankamen. Zum Beispiel den seitlich geöffneten Lendenschurz aus Gras und Blättern. Auf dem Kopf tragen sie ein Netz voller Haare. Wenn sie sich die Haare schneiden, bewahren sie diese auf und verflechten sie in dieses Netz. Dann werden Federn reingesteckt. Sieht schön aus, oder?»

Det macht Schule

Die Aufgabe, mit welcher die fünf Baldegger Schwestern in Det konfrontiert waren, scheint übermächtig. Es gab faktisch kein staatliches Gesundheitswesen für die schätzungsweise 600 000 Menschen, die im Südlichen Hochland lebten. Deren Lebenserwartung war niedrig, sie lag 1970 bei nur gerade 46 Jahren. Zum Vergleich: In der Schweiz wurden die Menschen damals durchschnittlich 73 Jahre alt. Die Kindersterblichkeit in Papua-Neuguinea war hoch. Viele Menschen litten an Lungenbeschwerden, auch Hautkrankheiten waren verbreitet. «Es brauchte schon etwas Gottvertrauen, um nicht zu verzagen», sagt Sr. Gaudentia. «Doch galt es einfach anzufangen.»

Bald stellte sich heraus, dass die Medikamente sehr gut wirkten, weil die Einheimischen bisher nur selten damit in Berührung gekommen waren – Penicillin wirkte Wunder. So wurde das Spital in Det schon recht bald von Kranken aus der ganzen Region besucht. Es galt nun, das kirchliche Angebot mit der staatlichen Gesundheitsversorgung zu koordinieren. Dabei konnte Sr. Gaudentia auf Unterstützung von australischen Entwicklungshelfern zählen, die mit der Weltgesundheitsorganisation WHO in Kontakt waren und den Missionen auch bei der Zusammenarbeit mit den offiziellen Stellen Hilfe anboten. «Es ist wichtig, dass die kirchlichen Institutionen unabhängig bleiben», sagt Sr. Gaudentia. «Aber es muss im Verhältnis zu den staatlichen Institutionen ein Miteinander, nicht ein Gegeneinander sein. Wenn dieses Zusammenspiel funktioniert, ist das zum Vorteil aller.» Nur musste sie erfahren, dass es sehr oft nicht funktionierte: Das staatliche Gesundheitswesen kämpft bis heute mit Geldknappheit, Korruption und ungenügender Ausbildung des Personals. Stammeskämpfe kommen dazu, die immer wieder dazu führen, dass öffentliche Institutionen geschlossen werden. Cathy Pilang, eine einheimische Mitarbeiterin von Sr. Gaudentia, auf die wir später noch zu sprechen kommen werden, sagte 2007 in einem Gespräch mit Frater Bernard Maillard für die Zeitschrift *Weltweit*: «Gott hat unserem Land extrem reiche Schätze geschenkt. Wenn es von fähigen Leuten geführt würde, verfügten wir über ein gutes Schulsystem und

97 **BILDTEIL 2**

Ankunft in Det, am 13. Oktober 1969. Die fünf Baldegger-Schwestern von links: Sr. Lukas Süess (kniend), Sr. Sixta Popp, Sr. Gaudentia Meier, Sr. Kiliana Fries und Sr. Sibille Meier. Sie wurden von Mendi aus mit einem Missionsflugzeug an ihren Einsatzort nach Det geflogen. Seit 1974 existiert eine Strassenverbindung.

Noch ist alles neu. Sr. Gaudentia bei einem ihrer ersten Kontakte mit einer einheimischen Mutter und ihrem Kind. Die Baldegger Schwestern werden in Madang
von Schwestern der niederländischen Steyler Mission eingeführt.

Das Spital in Det, 1976. Rechts das Ambulatorium, daneben die Bettenhäuser für die Kinder und die Frauen. Im Hintergrund sieht man die Gebärabteilung.

Ambulante Krankenpflege in Det, um 1985. Patientinnen und Patienten werden auch draussen versorgt.

Sr. Gaudentia in der ersten behelfsmässigen Krankenstation in Det, 1970. Die Frau im Vordergrund ist in Trauer, wie die weisse Farbe auf ihrem Körper anzeigt.

«Buschklinik» in Det, um 1971. Sr. Gaudentia wird bereits von zwei angelernten einheimischen Schwestern begleitet.

Kinder werden gewogen. Sr. Gaudentia besucht 1971 die Dörfer, um die Kinder zu untersuchen und zu registrieren. Auch werden erste Impfungen vorgenommen. Verfügbar waren damals die Impfstoffe gegen Polio, Tetanus und Keuchhusten.

Apotheke im Gesundheitszentrum Det, um 1988. Viele Medikamente kommen aus China. Medizinische Instrumente bringen die Schwestern oft aus dem Heimurlaub mit.

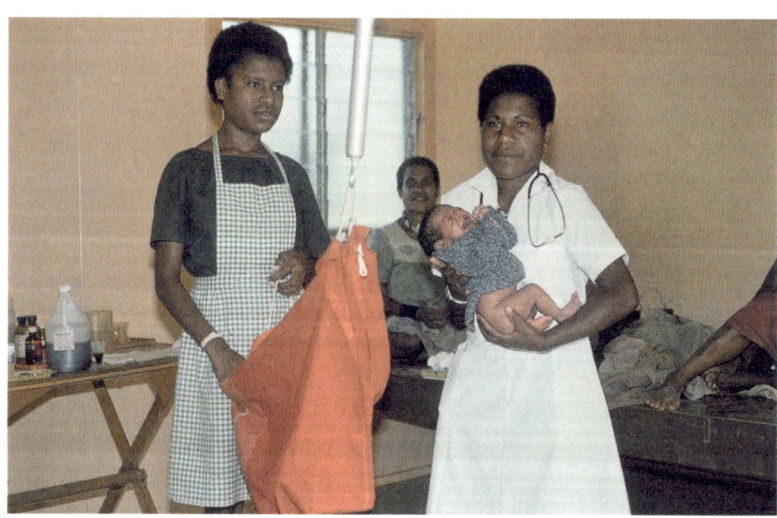

Eine Schwesternschülerin (links) und eine einheimische Krankenschwester, um 1985. Zu ihrer Ausbildung gehört, dass sie selbstständig Geburten ohne Komplikationen leiten können. Die Waage führte Sr. Gaudentia aus der Schweiz ein, wo sie als Milchwaage in Gebrauch gewesen war.

Sr. Gaudentia, 1995, unterwegs mit einer Pflegeschülerin und einem Pflegeschüler zu einem Einsatz in einem Dorf.

Hygienelektion mit selbst gemalten Plakaten, 1971 in Det. Diese sollen die Frauen dazu motivieren, im Geburtshaus in Det zu gebären, da es in ihren speziellen Geburtshütten unmöglich ist, die nötigen Hygienevorkehrungen einzuhalten.

Ein aus heutiger Sicht zwiespältiges Bild: die erste Taufe in Det, 1971, mit Kapuzinerpater Benjamin Madden. Er war der erste Priester in Det und leitete die Pfarrei bis 1974. Das christliche Ritual der Taufe wurde von den Einheimischen in erster Linie als grosses Fest wahrgenommen.

Für einmal nicht zu Fuss unterwegs: Sr. Gaudentia 1976 auf dem Weg zu einem ihrer regelmässigen Besuche in anderen Krankenstationen. Ihr Ziel hier ist die Station in Pomberel. Viel hat sich am Strassenzustand bis heute nicht geändert.

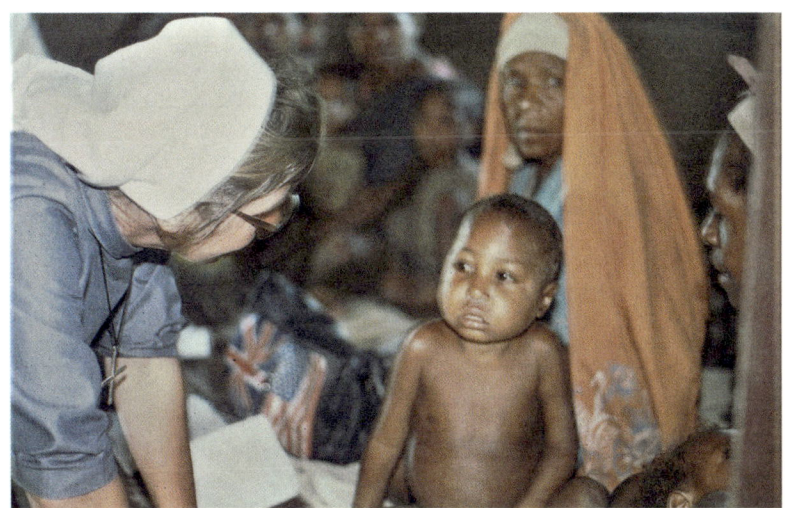

Mütterberatung im Dorf, um 1985. Die Körperproportionen des Kindes zeigen an, dass das Kind mangelernährt ist.

Krankensaal der Frauen in Det, 1985. Die Klappbetten wurden von einem Laienhelfer auf Anweisung Sr. Gaudentias hergestellt. Sie können beim Reinigen der Station hochgeklappt werden, was die Arbeit erleichtert. Matratzen müssen die Patienten selbst mitbringen.

Im Gespräch mit zwei Frauen. Der aus Holz gebaute Schlafsaal der Frauen im Hintergrund, um 1975. Heute stehen dort gemauerte Häuser.

Sr. Gaudentia und eine einheimische Klosterfrau, um 1990 in Det. Die beiden Kinder sind gleich alt, dasjenige auf dem Arm der Mitarbeiterin ist normal ernährt, das andere litt Mangel.

ein vertrauenswürdiges Gesundheitswesen. Dann würden auch unsere Strassen und alle Dienstleistungen funktionieren. Aber wir haben ein Problem mit unserer Regierung, mit dem ‹Führungspersonal›. Die staatlichen Behörden investieren nicht dort, wo es nötig wäre. Papua-Neuguinea würde heute ohne die Kirche überhaupt nicht funktionieren.» Und etwas später erklärt Cathy Pilang, die mittlerweile in Mendi das von den Baldegger Schwestern ins Leben gerufene Ausbildungszentrum für Krankenpflegerinnen und Krankenpfleger leitet: «Die einzige Schule in der Provinz, die auf die Universität vorbereitet und funktioniert, wird von der Kirche getragen. Im Grunde genommen führen selbst auf der Primarstufe nur kirchliche Schulen zum Erfolg. Das zeigt mein eigener Werdegang. Auch unser Ausbildungszentrum für Krankenpflege hier in Mendi wird von der Kirche getragen. Es funktioniert! Die staatliche Schule ist seit vier Jahren wegen Sippenkämpfen geschlossen. Die kommt nie wieder auf die Beine!»

Scharf mit den staatlichen Organen ins Gericht geht auch der ehemalige stellvertretende Polizeichef von Papua-Neuguinea, Graham Ainui, in einem Gespräch mit René Vautravers, dem früheren Ozeanien-Korrespondenten der *Neuen Zürcher Zeitung*. Politiker würden sich in schwer bewachten Luxushotels in der Hauptstadt Port Moresby verschanzen und seien völlig überfordert; Beamte seien vor allem darauf aus, sich persönlich zu bereichern, die öffentlichen Institutionen funktionierten nicht. Der Journalist kommt dann auf die Bedeutung der Missionen zu sprechen: «Die Arbeit, welche die Missionare unter teilweise schwersten Bedingungen leisten, ist beeindruckend und für das arme Land von grosser Bedeutung.» In gewissen Regionen des Hochlands seien achtzig Prozent der Gesundheitsleistungen den Initiativen der Missionarinnen und Missionare zu verdanken. Zudem seien die Missionen in gewissen Gebieten für rund die Hälfte der Bildungsangebote, insbesondere im Bereich der Primar- und Mädchenschulen, zuständig.

Sr. Gaudentia erzählt: «In manchen Regionen nehmen die Menschen lange Wege auf sich, um in einer kirchlichen statt in einer staatlichen Einrichtung behandelt zu werden.» Das spreche für sich. Was aber macht denn die Kirche besser? «Sie lässt sich nicht in Stammesfehden verwickeln, hilft unabhängig von Zugehörigkeiten allen Menschen, und wenn es einmal an einem Ort nicht mehr weitergeht, macht sie an einem anderen weiter. Wir lassen uns nicht entmutigen und auch nicht von unserer Aufgabe abbringen.» Wenn sie erzählt, wie mühselig es oft ist, vom Staat irgendeine Zusicherung oder Bewilligung zu erhalten, wirkt sie ungewohnt aufgebracht. Sie scheut nie klare Worte, aber entnervt ist sie selten. Doch dieses Thema beschäftigt sie stark, und offenbar hat es sie oft in der Ausübung ihrer Arbeit behindert. Auch über folgende Formulierung bin ich erstaunt: «Unser Dienst basiert auf dem Glauben zu Gott und der Würde des Menschen, der Gottes Geschöpf ist. Er ist motiviert durch die Liebe zu Gott und dem Nächsten.» Nicht der Inhalt verwundert mich, sondern das Explizite, fast etwas Pathetische dieses Satzes. Sr. Gaudentia führt Gott nicht so oft im Munde. Er scheint für sie so selbstverständlich wie die Luft zum Atmen; er gehört einfach zu ihr und verlangt nicht nach grossen Worten.

«Unsere Krankenpflegerinnen und Krankenpfleger werden nicht vom Staat, sondern von der Kirche bezahlt. Das ist ein Schlüsselfaktor. Dadurch sind sie unabhängig, und zwar zweifach: Sie kommen nicht in Versuchung der Korruption, wie sie in staatlichen Stellen verbreitet ist, und sie können nicht von ihrem Stamm unter Druck gesetzt werden. Zudem betrachten wir den Menschen ganzheitlicher. Das heisst, wir beziehen sein ganzes Umfeld mit ein: die Familie, die Schule, die wirtschaftliche Situation. Ein Beispiel, das ich so erlebt habe: In der Region gab es plötzlich mehrere Malariafälle. Im staatlichen Spital verabreichte man den Erkrankten Chinin, was wichtig ist, man kümmerte sich aber nicht weiter um die Sache. Auch wir gaben Chinin an die Kranken ab. Wir fragten aber überdies, wo sie sich in letzter Zeit aufgehalten hatten, um zu erfahren, wo sich die Mücken, welche diese Krankheit übertragen, ausbreiteten. Wir fanden dort Tümpel und Rinnsale, die wir trockenlegen liessen, und verhinderten so weitere Ansteckungen. In solchen Fällen sind die staatlichen Stellen übrigens oft sehr froh, dass wir aktiv werden – und die Kosten übernehmen. Denn es ist ja wirklich so, dass dem Staat das Geld an allen Ecken und Enden fehlt.»

Im Laufe der 1970er-Jahre wurde das Buschspital in Det ein Zentrum der Gesundheitsversorgung im Südlichen Hochland, denn der Staat hatte sich kaum um diese Region gekümmert. Die Wege dorthin und die Infrastruktur waren schlecht, Transfers schwierig. Von der Küste her war das Gebiet nur mit dem Flugzeug erreichbar.

Schnell wurde klar, dass man zusätzlich Laienpflegerinnen brauchte; für die Schwestern allein wurde es einfach zu viel. 1972 schickte der Bischof eine junge Frau, Mirjam, nach Det, welche eine zweijährige Ausbildung in Krankenpflege absolviert hatte. Es gab damals im ganzen Land nur eine einzige Krankenpflegeschule, die sich in der Hauptstadt Port Moresby befand. Sr. Gaudentia erinnert sich: «Mirjam war zuvor sechs Jahre in die Primarschule gegangen; es gab in der Provinz Südliches Hochland gar keine höhere Schule. Erst 1973 eröffnete die Diözese die erste Highschool in Tari. Doch wir brauchten einfach mehr ausgebildetes Personal und so beschlossen wir, die Ausbildung von Krankenpflegerinnen selbst in die Hand zu nehmen.»

Das war der Anfang der Krankenpflegeschule in Det, die später nach Mendi übersiedelte – die zweite Schule für Krankenpflege in Papua-Neuguinea. Und Det machte Schule. Sr. Gaudentia erzählt: «Es war uns schnell klar, dass wir weitere Stationen einrichten mussten, damit die Menschen näher bei sich zu Hause behandelt werden konnten. Ich meldete mich beim Kloster und sagte, wir müssten ausbauen. Sonst sei das alles nur ein Tropfen auf den heissen Stein. Und dazu brauchten wir mehr Leute. Das Kloster gab uns die Einwilligung, und wir begannen sofort damit, in anderen Gegenden nach dem Vorbild von Det Stationen aufzubauen. Wir richteten am neuen Ort jeweils ein Ambulatorium und eine Station für Geburtshilfe ein. Später kam eine Einrichtung für Aidskranke dazu. Zudem baute jeweils eine Schwester eine kleine Schule auf. Die erste dieser neuen Stationen war Margarima. Es liegt etwa zwei Fahrstunden von Det entfernt. In der Regel war es ein Zweierteam, das eine neue Station aufbaute und betrieb: eine Lehrerin und eine Krankenschwester. Deshalb stiessen neue Mitschwestern aus Baldegg zu uns: 1971 kamen die Lehrerin Sr. Danielle Dietsche, die Krankenpflegerin Sr. Verona Hutter und die

Sozialarbeiterin Sr. Damascena Schürmann nach Papua-Neuguinea. Sr. Danielle löste Sr. Lukas in Det an der Schule ab, da diese zusammen mit Sr. Verona nach Margarima wechselte. Sr. Damascena unterstützte mich beim Aufbau der Krankenpflegeschule. Dann ging Sr. Kiliana Fries, die ja mit mir in Det begonnen hatte, nach Pomberel und kümmerte sich dort um die Krankenpflege, Sr. Sibille übernahm die Schule. Pomberel liegt etwa eine Fahrstunde entfernt. Ich bekam in Det eine andere Mitschwester zur Seite, Sr. Ruth Gasche, die zuvor in Tansania gewesen war und schon bald wieder dorthin zurückkehren sollte. Sie konnte sich nicht so recht mit dem Leben hier arrangieren. So kehrte Sr. Kiliana zurück, und es kam eine weitere Schwester, welche in Pomberel stationiert wurde. Dieses wurde später von der Regierung übernommen, und wir eröffneten ein Ambulatorium auf der anderen Seite der Stadt. Das war aber keine Konkurrenz, sondern eine Ergänzung. Wir wollen ja nichts verdoppeln, wir müssen mit den Ressourcen sparsam umgehen. Schliesslich hatten wir auf dem ganzen Südlichen Hochland verteilt zwölf Stationen nach dem Vorbild von Det aufgebaut. Am weitesten von Det entfernt liegt Tari. Wenn ich diese Station besuchte, bedeutete das je nach Strassenzustand vier oder fünf Stunden Weg. Ich hatte von Det aus die Oberaufsicht über die Stationen inne.» Bis 2010 wurden 18 Gesundheitszentren eröffnet, hinzu kamen neun Aidsstationen.

Sr. Damascena, welche 1971 in Det ankam, war bereits in der Baldegger Mission in Tansania tätig gewesen. Als 2013 aus gesundheitlichen Gründen die Rückkehr ins Mutterhaus geplant war, begleitete Sr. Gaudentia sie zuvor noch auf eine zweiwöchige Reise an ihren ersten Wirkungskreis in Tansania, wo sie auch Sr. Ruth trafen. Es war jener Ort, von dem die junge Sr. Gaudentia geglaubt hatte, er würde ihr Einsatzgebiet werden. «Es war für mich sehr interessant und auch berührend. Doch die Unterschiede zu PNG sind gross. Mir wurde sehr bewusst, dass es keine Regeln für Entwicklungshilfe gibt, die überall gelten. Man muss die Menschen vor Ort immer so nehmen, wie sie sind.» Kann sie konkrete Unterschiede nennen? «In Papua-Neuguinea kann man durch autoritäres Verhalten nichts erreichen. Das sieht man auch jetzt, da viele Priester aus Indien nach PNG kommen. Einige von ihnen sind zu autoritär, sie behandeln die Einheimischen von oben herab. Wenn ich hier ankomme und sage: Ab jetzt machen wir das anders, und zwar so, funktioniert das nie. In Afrika war es eher möglich. Mich würde interessieren, weshalb das so ist. Vielleicht, weil in Papua-Neuguinea, abgesehen von den Küstengebieten, der Kolonialismus weniger stark ausgeprägt war. Besonders bei uns im Hochland. Autoritäres Verhalten bringt hier nichts. Das gilt nicht nur für den Staat, sondern auch für die Kirche.»

Zurück zu den Krankenstationen: Die Schwestern mussten viel selbst erfinden. Erst liessen sie Unterrichtsmaterial aus den USA kommen, da dieses in Englisch war. 1972 kamen zur Unterstützung Laienhelfer der in Luzern stationierten Organisation Interteam nach Det: eine Krankenschwester, ein Landwirt und ein Schreiner. Doch realisierten sie schnell, dass das nicht gut funktionierte. Sr. Gaudentia erinnert sich: «Sie kannten die englischen Wörter in der Fachsprache nicht und waren zuweilen mit den besonderen Verhältnissen bei uns in PNG überfordert. Deshalb baten wir um Helferinnen aus Neuseeland, die waren besser geeignet.» Sr. Gaudentia unterrichtete die Fächer Geburtshilfe und Kleinkind-Medizin, in den Anfängen auch Anatomie und Physiologie. «Das war nicht so schwierig. Wir schlachteten dann jeweils eine Sau und benannten die einzelnen Teile. Das begriffen die Papuas schnell. Das kannten sie ja.» Im Herbst 1974 starteten sechs einheimische Frauen ihre Ausbildung zur Krankenpflegerin. «Damit ein Mädchen bei uns anfangen konnte, musste es einige Jahre die Primarschule besucht haben und lesen und schreiben können. Die Ausbildung dauerte ein Jahr, danach wussten die jungen Frauen eigentlich schon recht viel: Sie konnten bei Geburten assistieren, Spritzen setzen und ausführen, was man ihnen aufschrieb. Auch waren sie schon in der Lage, einfache Diagnosen zu stellen. Ich nahm sie jeweils mit mir, wenn ich hinaus in den Busch zu schwangeren Frauen oder Geburten gerufen wurde. Dann haben sie gesehen und auch gleich mitmachen können, was alles rund um eine Geburt zu tun ist. Mit der Mutter sprechen und Notizen machen, Spritzen setzen, das Kind wägen… Die meisten lernten schnell und waren geschickt.»

Zu Beginn waren an der Pflegefachschule in Det zwei Laienleh-rerinnen und sie tätig. Der Staat interessierte sich zwar für die Schule, mischte sich aber nicht ein. Nachdem 1975 Papua-Neugui-nea unabhängig geworden war, kam es zu einer einheitlichen Regelung der Krankenpflege. Der Staat schrieb eine zweijährige Lehre vor und erstellte auch einen Lehrplan. «Wir waren daran interessiert, offiziell anerkannt zu werden, damit unsere Schüle-rinnen nach Abschluss der Ausbildung auch anderswo arbeiten konnten. Wir bauten also unser Angebot aus und erhielten 1979 die staatliche Anerkennung als Krankenpflegeschule. 1981 star-teten wir mit der neuen zweijährigen Lehre und dem offiziellen Lehrplan. Um hier mitzukommen, war allerdings mehr Schulbil-dung erforderlich, was für Mädchen eigentlich von Nachteil war, da sie seltener als die Buben in höhere Schulen geschickt wurden. Ab 1982 nahmen wir dann auch Burschen auf.»

Sr. Martine Rosenberg begleitete als Vorsteherin der Baldeg-ger Schwesterngemeinschaft diese Entwicklung eng. Sie sagt: «Sr. Gaudentia war zwar nie Oberin unserer Stationen in Papua-Neu-guinea, aber faktisch die Chefin des gesamten Gesundheitswe-sens im Südlichen Hochland. Der Staat Papua-Neuguinea hat sie dafür auch einmal ausgezeichnet, doch zelebrierte sie das nie. Sie mag es eigentlich gar nicht, wenn sie im Mittelpunkt steht. Doch setzt sie ihren Kopf durch, wenn sie etwas für richtig und wichtig hält.» Als die WHO 2010 in Melbourne einen Kongress abhielt, in dem es darum ging, den Zustand des Gesundheitswesens in den umliegenden Entwicklungsländern zu ermitteln, war denn auch Sr. Gaudentia eine der vier Abgeordneten aus PNG.

Nach und nach konnte Sr. Gaudentia mehr einheimische Mädchen als Krankenpflegerinnen einsetzen. Angelernt wurden sie immer in Det, danach wurden sie möglichst in die Nähe des Dorfes versetzt, in dem sie aufgewachsen waren. «Es ist wich-tig, dass den Menschen solche Einrichtungen möglichst vertraut sind, damit sie auch Hilfe holen, wenn sie sie brauchen. Wenn eine von ihnen in der Station arbeitet, ist die Hürde schon mal niedriger. Auch haben wir beispielsweise eine Tracht für die Krankenschwestern gewählt, die sich an ihrer traditionellen Kleidung orientiert. Die ersten Blusen habe ich noch auf Heimurlaub in Basel gekauft. Danach hat Sr. Valentine Flury, die Handarbeitslehrerin war, vor Ort zusammen mit ihnen jeweils eine einfache Uniform genäht. Das war gut, so lernten sie das auch gleich.»

Einige Frauen wollten nicht Krankenpflegerinnen, sondern Ordensschwestern werden. So entstand im Südlichen Hochland eine Franziskaner-Gemeinschaft mit derzeit etwa 25 Schwestern, die aber nicht dem Kloster Baldegg angehört, sondern direkt dem Bischof von Mendi unterstellt ist. Sr. Gaudentia war nicht immer nur erfreut, wenn eine ihrer Schülerinnen diesen Weg einschlug. «Es waren einige Mädchen darunter, die wären ausgezeichnet für die Krankenpflege geeignet gewesen.»

Von manchen ihrer ehemaligen Schülerinnen habe sie später selbst viel lernen können. So kehrte eine Krankenpflegerin zu ihr zurück, nachdem sie einige Zeit in einem Spital bei Operationen assistiert hatte. «Sie konnte mir viel zeigen, zum Beispiel beim Nähen von Wunden. Das habe ich zwar schon gemacht, aber sie hatte mittlerweile mehr Erfahrung darin als ich. Wir haben immer alle versucht, möglichst viel voneinander zu lernen.» Was mich erstaunt: Auf allen Bildern, auf welchen Wunden gesäubert, Beine gegipst oder Schnitte genäht werden, stehen viele Einheimische um das Geschehen herum und schauen zu. Als ich Sr. Gaudentia danach frage, lächelt sie und sagt: «Da muss man doch zuschauen. Das ist doch interessant.»

«Ich konnte gut gipsen», sagt Sr. Gaudentia etwas später, als sie in einem Fotoalbum ein Kind mit einem geschienten Bein betrachtet. Tatsächlich ist dies für eine gelernte Hebamme keine Selbstverständlichkeit. «Wir mussten vor allem zu Beginn auch einfach viel ausprobieren, vor allem bei Verletzungen.» In den ersten Jahren wurden öfters Einheimische mit bösen Verletzungen durch Kasuare zu ihnen gebracht. Kasuare sind den Emus verwandte grosse Laufvögel, die in Papua früher recht zahlreich waren. «Die können böse sein wie daheim Hähne oder Schwäne.» Auch gab es schwierig zu behandelnde Selbstverstümmelungen: «Wenn eine Frau ein Kind verloren hatte, schnitt sie sich oft das oberste Glied eines Fingers ab, um den seelischen Schmerz durch den körperlichen zu überdecken. Auch konnte sie so zeigen, dass sie in Trauer war und die anderen sie rücksichtsvoll behandeln sollten. Heute geschieht das nicht mehr so oft, aber früher schon. Diese Verletzungen waren schwierig zu behandeln. Man kann die Wunde nicht richtig verbinden, weil oben der Knochen rausschaut, und oft wollte die Blutung kaum stoppen. Ich versorgte jeweils die Wunde, so gut es eben ging, und befestigte dann für einige Zeit die Hand mit einem Verband am Kopf. Das hatte eine doppelte Wirkung: Es stillte die Blutung, und die anderen konnten trotzdem sehen, dass die Frau ein Kind verloren hatte.»

Da in der Krankenstation in der Regel keine Ärztinnen oder Ärzte anwesend waren, führten die Krankenpflegerinnen alle Behandlungen selbst durch; sie machten also viel mehr, als es ihnen etwa in der Schweiz erlaubt gewesen wäre. Wenn es eilte oder der Zustand der Patientin, des Patienten sich durch den Transport über die holprigen Strassen ins Provinzspital in Mendi verschlechtert hätte, operierten sie eben selbst. Auch Zähne wurden in den Ambulatorien behandelt. Sr. Gaudentia relativiert: «Wir haben einfach Zähne gezogen. Flicken war zu kompliziert. Ab Mitte der 1980er-Jahre kamen aber in gewissen Abständen Zahnärzte aus den USA, um schwierigere Fälle zu behandeln. Sie schauten dann auch bei uns, ob alles in Ordnung war. Aber im Zähneziehen waren unsere Schwestern eigentlich sehr begabt. Das hatten sie bereits zu Hause gelernt.»

Dann erzählt sie von einem jungen Mann, der beim Sprung über einen Zaun stürzte. «Er hatte sich die ganze Bauchdecke aufgerissen, die Därme hingen heraus. Da haben wir alles wieder sorgfältig zurückgelegt und zugenäht. Es kam wieder gut.» Dann zeigt sie das Bild eines jungen, mitgenommen dreinblickenden Mannes. Er sitzt am Boden, an Armen und Beinen überall weisse Streifen. «Er schleppte sich von weit her aus dem Busch zu uns, nachdem ihn ein Wildschwein, das er angeschossen hatte, attackiert hatte. Am ganzen Körper waren Stich- und Bisswunden, auch die Geschlechtsteile waren teilweise abgetrennt. Ich brauchte einen ganzen Tag, bis ich alle Verletzungen genäht und versorgt hatte. Die weissen Stellen kommen von einer Antibiotikasalbe, mit welcher ich seine Wunden nach der Behandlung bestrich. Er überlebte.»

Sie stellt fest, ohne eine Spur von Stolz in der Stimme: «Unsere Pflegerinnen sind mit Blick auf die vielfältigen Aufgaben gut ausgebildet und arbeiten selbstständig. Wir können in den Gesundheitszentren etwa vier Fünftel aller Fälle selbst behandeln. Die Ärzte kommen nur gelegentlich auf Inspektion, um zu fragen, ob wir irgendwelche Hilfe benötigen. So können wir Fälle, bei denen wir nicht weiterwissen, mit ihnen besprechen. Das ist sehr hilfreich.»

Neben der Heiligen Schrift gewissermassen die zweite Bibel war Sr. Gaudentia das Buch «Where There Is No Doctor», ein Handbuch des amerikanischen Professors David Werner für die medizinische Betreuung in Regionen, in denen ärztliche Hilfe nicht verfügbar ist. Sie hat gebrochene Knochen gerichtet und Beine eingegipst. «Hatte jemand den Oberarm gebrochen, behandelten wir ihn und hängten einen ungefähr ein Kilogramm schweren Stein an seinen Arm, damit der Knochen gerade zusammenwuchs. Das funktionierte ganz gut.» Als 1998 ein grosser Tsunami die Küstenregion von PNG verheerte und über 2000 Menschen starben, schickte der Bischof von Mendi Sr. Gaudentia mit einem Team für vier Wochen an die Küste, um die Verletzten zu versorgen. Sr. Gaudentia zeigt ein Bild einer Operation im Buschspital, wo ein Arzt operiert und sie mit der Taschenlampe leuchtet. «Wenn wir keinen Strom hatten, dann musste es halt so gehen», erklärt sie. «Es waren schlimme Szenen, die wir dort antrafen. Doch konnten wir ziemlich viel wieder richten. Die Menschen taten einem schon leid, manche waren auch psychisch stark mitgenommen. Ein solches Ereignis zu verdauen, ist schwer.»

Sr. Gaudentia zog sich nach einigen Jahren als Schulleiterin und Lehrerin an der Pflegerinnenschule zurück, da sie mit der Leitung der verschiedenen Krankenstationen mehr als genug zu tun hatte. Als die Regierung Sr. Gaudentia dann 1988 nur noch die Lizenz für einen einzigen auswärtigen Lehrer aus Neuseeland erteilte, mit der Auflage, die Schulen ansonsten nur noch mit Einheimischen zu führen, war das eigentlich zu früh. «Natürlich war auch unser Ziel, die Stationen möglichst bald an die Einheimischen zu übergeben. Doch nun wären wir Gefahr gelaufen, dass die ganze Aufbauarbeit umsonst war. Wir brauchten diese

Unterstützung noch, wir hatten einfach noch nicht genügend gut ausgebildetes einheimisches Personal.» So übernahm Sr. Gaudentia erneut die Schulleitung und unterrichtete auch wieder.

«Die Pflegerinnenschule war das Fundament für unsere gesamte Arbeit im Gesundheitswesen», sagt Sr. Gaudentia. «Nur wenn sie funktionierte, konnten wir genügend Einheimische ausbilden und auch aktiv jene Schülerinnen oder Mitarbeiterinnen fördern, die das Potenzial für eine höhere Fachausbildung und eine leitende Funktion hatten.» Eine von ihnen war die bereits erwähnte Cathy Pilang. Nach ihrer Lehre zur Krankenpflegerin an der Küste, sie war wohl ungefähr 18 Jahre alt, bewarb sie sich in Det. Sr. Gaudentia wusste sofort, dass das «eine Gute» war. «Sie hatte eine positive Ausstrahlung, war ungewöhnlich vif. Ich habe sie dann gefördert, so gut es ging. Doch dann heiratete sie den Lehrer ihres Dorfes und hatte mit ihm innerhalb von sieben Jahren vier Kinder. Eines nahm sie zusätzlich an. Der Mann begann zu trinken, die Ehe war nicht gut. 1998 starb ihr Mann an Leukämie, da war ihr jüngstes Kind eben erst auf die Welt gekommen. Cathy kehrte in die Krankenstation zurück und arbeitete weiter. Sie absolvierte im Fernstudium den Bachelorabschluss, danach konnte ich sie für eineinhalb Jahre als Masterstudentin nach Australien schicken.» Für die Kinder wurde Sr. Gaudentia in dieser Zeit quasi zur Ersatzmutter. Oder Ersatzgrossmutter. Danach wurde Cathy Pilang ihre rechte Hand. Cathy übernahm immer mehr Verantwortung, sodass Sr. Gaudentia sich anderen Aufgaben widmen konnte. Seit 2004 leitet Cathy Pilang das Ausbildungszentrum der Diözese für Krankenpflegerinnen und Krankenpfleger in Mendi. 2018 reichte sie eine Doktorarbeit ein. Das Thema: An Exploration of the Professional Identity of Community Health Workers to Practise in Rural and Remote Settings of Papua New Guinea (Eine Untersuchung der beruflichen Identität des Gesundheitspersonals in ländlichen und abgelegenen Gebieten Papua-Neuguineas). Gewidmet ist sie unter anderem Sr. Gaudentia.

Eine Entlastung war dringend nötig. Nicht nur, weil sich die anfangs kleine Krankenstation in Det zu einem eigentlichen Gesundheitssystem im Südlichen Hochland entwickelt hatte. Es wartete auch eine neue Aufgabe auf St. Gaudentia, eine Aufgabe, die noch übermächtiger erscheint als das, was hinter ihr lag: 1996 traten in Papua-Neuguinea erste Aidsfälle auf.

Zwischen den Fronten

Sr. Gaudentia spürte an diesem Morgen im Sommer 1994 bereits beim Aufstehen, dass etwas Unheilvolles in der Luft lag. Schon lange schwelte ein Konflikt zwischen der Sippe in Det und derjenigen von Poroma auf der anderen Seite des Flusses. Während sie mir erzählt, was an diesem Morgen geschah, kramt sie einmal mehr einen Stift aus ihrem bunten Bilum, der traditionellen Tragetasche der Papua-Frauen, die sie oft bei sich hat. Sie bittet mich um ein Stück Papier und zeichnet den Fluss, die Station, den Standort der Det-Sippe, jenen der Poroma-Sippe auf. In der Folge veranschaulicht sie mit Pfeilen und Sternchen, was sie erzählt. «Ich spürte, dass es nicht mehr lange dauern würde, bis Krieg ausbrechen würde. Die Poroma-Sippe hatte im Busch Feuer gelegt, damit der Feind sich nicht unbemerkt anschleichen konnte. Und die Männer von Det schoben Tag und Nacht Wache. An diesem Morgen hatte ich ein ungutes Gefühl. Ich eilte noch vor dem Morgengebet zum Spital, um einige Instrumente und Medikamente an mich zu nehmen. Ich wollte verhindern, dass etwas kaputtging, sollten die Kämpfe tatsächlich ausbrechen. Ich rannte also hinüber ins Gesundheitszentrum, legte einige Dinge draussen auf die Bank und ging hinein, um die Dinge zu holen. Als ich herauskam, waren sie da. Und ich stand mitten zwischen den Fronten.»

Sippenkämpfe prägen das Zusammenleben auf Papua-Neuguinea seit Menschengedenken. Das Zugehörigkeitsgefühl zu einer Sippe ist vor allem in ländlichen Gebieten und im Hochland um vieles stärker als dasjenige zum Staat. Dabei gilt das sogenannte Wantok-System. «Wantok» ist Pidgin und kommt vom englischen «One Talk». Die Sippe ist demnach jener Kreis Menschen, welcher dieselbe Sprache spricht. Doch geht Wantok weit darüber hinaus. Es meint auch ein soziales Gefüge, in dem alles geteilt wird: Besitz, Lohn – und Freunde und Feinde. Eine zentrale Rolle spielt darin Big Man, der Clan-Chef. Seine Autorität gründet stark auf seinem Auftreten, auch als guter Redner, auf Wohlstand und Grosszügigkeit. Wohlstand heisst in erster Linie: der Landbesitz der Sippe, die Anzahl Schweine, früher auch die Menge von Kina-Muscheln, die lange Zeit anstelle von Geld verwendet wurden. Auch ein guter Krieger kann «Big-Man» werden. Dabei kann er sich seiner Macht nie sicher sein, er muss immer auf Rivalen gefasst sein. Als Absicherung ist das Wantok-System deshalb stark in Richtung einer Klientel ausgerichtet, mit deren Unterstützung der Chef seine Stellung festigt.

Daneben gibt es ein Netz von befreundeten Sippen, unter denen auch geheiratet werden darf. Grosse Singsing-Feste werden zusammen gefeiert. Und dann existieren verfeindete Sippen. Einmal Feind bedeutet dabei oft immer Feind. Denn es gilt Blutrache, manchmal über Generationen hinweg. Ein Teufelskreis, der nur schwer zu durchbrechen ist.

Roland Seib, ein deutscher Politikwissenschaftler mit Forschungsschwerpunkt Südpazifik, zeigte auf, dass die Stammeskämpfe seit der Unabhängigkeit des Landes häufiger geworden sind und mit grösserer Härte und Brutalität ausgetragen werden. Früher seien sie zeitlich und hinsichtlich der Opferzahl begrenzt gewesen. Sie galten als legitime Strategie, um zwischen den einzelnen Clans Streitigkeiten auszutragen und Kompromisse herbeizuführen.

Kurz bevor die fünf Baldegger Schwestern 1969 in Det ankamen, tobte in der Region ein Sippenkrieg. Ein Kapuzinerpater, der damals in der Gegend war, schilderte den Schwestern, wie eine Sippe eines Nachts das Dorf der anderen überfiel und Feuer legte. Als die Menschen in Panik aus ihren Häuser rannten, schossen die Eindringlinge mit Pfeil und Bogen auf sie. Allein in dieser Nacht kamen 13 Menschen ums Leben. Sr. Gaudentia erzählt: «Die Kämpfe können zwischendurch abflauen, etwa wenn es den Frauen oder den befreundeten Sippen nicht mehr gelingt, genügend Nachschub zu liefern. Wenn ihnen zum Beispiel die Schweine ausgehen. Aber die Kämpfe können auch unvermittelt wieder aufflammen, wenn eine der beiden Seiten sich genügend stark fühlt.» So brandete denn auch bereits 1981 zwischen denselben Stämmen der Krieg wieder auf. Es gab Zeiten, in denen die australische Regierung die Missionarinnen von Det aufforderte, die Gegend zu verlassen, da es zu gefährlich geworden sei für sie. 1981 stand auch das Mutterhaus in Baldegg kurz davor, seine Mitschwestern abzuziehen. Sr. Martine, die damals als Frau Mutter die Verantwortung für die Sicherheit der Missionarinnen innehatte, erinnert sich: «Wir hatten hin und wieder Angst, dass unseren Mitschwestern in PNG etwas passieren würde. In einem Sippenkampf wurde unsere blühende Mädchenschule vollständig zerstört. Doch kam immer wieder die Rückmeldung, dass sie bleiben wollten. Man wolle ihnen nichts Böses. Und tatsächlich blieben sie vom Schlimmsten verschont. Mit Gottes Segen.»

«Angst? Nein. Angst habe ich eigentlich nie gehabt», sagt Sr. Gaudentia. Auch damals nicht, im Sommer 1994, als sie zwischen den Fronten stand. Es sei ja nicht gegen sie, gegen die Schwestern gegangen. Die beiden verfeindeten Gruppen seien sich auf der Landepiste der Missionsstation gegenübergestanden, weil dort genügend freier Platz für den Kampf war. «Ein Mann aus der Det-Sippe sagte zu mir, ich solle schnell ins Haus zurückgehen, ich könne hier nichts machen. Das tat ich dann. Und so mussten wir Schwestern ohnmächtig zusehen, wie die Männer aufeinander losgingen. Ich kannte viele von ihnen, es waren eigentlich nette, friedliche Menschen. Manche von ihnen waren noch fast Kinder. Es war ein schlimmer Anblick und ein schrecklicher Lärm. Die meisten kämpften immer noch mit Pfeil und Bogen, aber sie hieben auch mit grossen, gekrümmten Messern aufeinander ein. Und dann nahmen in diesem Sippenkampf auch erstmals Söldner mit Maschinengewehren und Handgranaten teil, die sie angeheuert hatten. Auch manche Einheimische hatten sich Waffen zusammengebastelt. Sie sind sehr erfindungsreich und montierten uns alle Rohre und Drähte ab, wenn wir nicht achtgaben. Daraus bastelten sie dann Waffen. Das war neu, eine neue Dimension von Kampf. Als sie auseinandergingen, lagen viele Männer am Boden. Drei aus der Det-Sippe waren tot. Die anderen trugen ihre Verletzten sofort weg, obwohl wir sie natürlich auch gepflegt hätten.»

Der Vorsitzende der Katholischen Bischofskonferenz, Stephen Reichert, warnte später die Zentralregierung vor eben solchen Söldnern, die «Guns-for-Hire» genannt werden. Sie verdingen sich, ähnlich wie einst die Schweizer Reisläufer, an jene Clans, die ihnen am meisten Geld bieten, und sind besser bewaffnet als die Stammeskrieger. Dadurch nimmt die Zahl der Opfer gegenüber früheren Sippenkämpfen dramatisch zu. Auch Kinder und Frauen werden nun häufiger verletzt.

Nach solchen Kämpfen mussten im Buschspital von Det manchmal vierzig oder fünfzig Verwundete versorgt werden. Schlimm seien vor allem die Wunden, welche die Hiebe mit den grossen Buschmessern verursachten, sagt Sr. Gaudentia. «Wir taten, was wir konnten, auch chirurgisch. Wenn wir eine Pfeilspitze aus dem Körper entfernen mussten, fragten wir, wo der Feind stand, als er geschossen hatte. So wussten wir ungefähr, wie der Einstich verlief und wo wir die Pfeilspitze suchen mussten. Einmal brachten sie einen Mann, einen dieser Söldner, zu uns, der sich mit dem Gewehr versehentlich in den Zeh geschossen hatte. Er hatte bereits eine schlimme Entzündung, weil er versucht hatte, die Wunde selbst zu versorgen. Den habe ich dann etwas ausgefragt, woher er die Waffe habe. So erfuhr ich, dass es seit einiger Zeit einen Tauschhandel über die Torres-Strasse, also über die Meerenge zwischen Papua-Neuguinea und Australien, gab: Waffen gegen Marihuana.»

Mitten im Erzählen bricht sie ab. Sie habe auch eine lustige Erinnerung in diesem Zusammenhang. Als sie auf einem Heimurlaub den beiden Buben ihrer Schwester Annemarie Bilder der Einheimischen mit den grossen Pfeilbogen zeigte, waren diese völlig fasziniert und baten sie, ihnen das nächste Mal einen solchen Pfeilbogen mitzubringen. «So kam ich drei Jahre später mit Pfeil und Bogen im Gepäck in Zürich Kloten an. Die Einheimischen hatten sie mir geschenkt. Der Bogen war schön geschnitzt und fast so gross wie ich.» Was für ein Bild: Da spaziert eine Klosterfrau mit Pfeil und Bogen durch den Flughafen! «Ich kam mir vor wie Wilhelm Tell. Es gab schon einige irritierte Blicke.»

Nach diesem kurzen Exkurs zeigt sich aber auch, dass Sr. Gaudentia richtig wütend werden kann. Es sei fast unmöglich gewesen, Verwundete oder Kranke verfeindeter Sippen gleichzeitig auf der Krankenstation zu pflegen. Manchmal brachten die einen ihre Kranken oder Verletzten nachts auf die Station, damit sie sie heimlich behandeln lassen konnten. «Zu Beginn der Sippen-kämpfe 1991 brachte ein Pater eine Frau zu uns, die bereits seit drei Tagen Wehen hatte. Sie hatte sich nicht getraut zu kommen, weil sie aus einer Sippe stammte, die mit Det verfeindet war. Ich kümmerte mich um sie, als ein Mann aus ihrer Sippe auf mich zutrat und sagte, ich solle sofort von dieser Frau lassen, sie dürfe nicht hier in Feindesland bleiben. Ich sagte bestimmt, dass die Frau dableibe, bis sie geboren und sich erholt habe. Der Mann herrschte mich an: ‹Wenn du sie nicht hergibst, zünde ich dein Haus an.› Ich gab zurück, dass ich genügend Zündhölzer hätte, um auch sein Haus anzuzünden. Dann schwang er sein langes Messer und kam auf mich zu. Ich sagte ihm, er könne das sein lassen, ich hätte ebenfalls scharfe Messer zur Hand und könne damit um-gehen. Und er solle jetzt verschwinden, er habe kein Recht, die Frau einer solchen Gefahr auszusetzen. Die Frau müsse gebären, ob die Männer nun Krach hätten oder nicht. Inzwischen hatten sich immer mehr Leute, vor allem Frauen, um uns versammelt. Da machte er rechtsumkehrt und ging weg. Die Frau hat dann geboren, ein herziges Mädchen. Und wenn der Mann mich heute sieht, er heisst Othmar, kommt er zu mir, drückt mir die Hand und sagt: ‹Meine Mutter.›»

«Wie kann man sich das Leben nur so schwermachen», fragt Sr. Gaudentia und seufzt. Es sei sehr schwierig, in dieser Bezie-hung positiven Einfluss zu nehmen. «Wir haben immer wieder versucht, mit ihnen darüber zu reden, dass es einen anderen Weg gibt, als zu töten. Dass Gott das nicht wolle.» Beim Sippen-kampf von 1994 starben innerhalb eines Monats 120 Menschen. Stephen Reichert rief damals die Peace Foundation Melanesia um Hilfe, eine Nichtregierungsorganisation. Später gründete er eine zusätzliche Arbeitsstelle zur Friedensstiftung. Die Baldegger Schwestern versuchten, direkt zu vermitteln. «Wir sprachen zu-erst mit der einen, dann mit der anderen Seite. Dann haben wir sie dazu gebracht, dass sie sich an einem neutralen Ort zusam-mensetzten. Doch das Misstrauen ist tief verankert. Nach einem solchen Streit dauert es bis zu zehn Jahre, bis sie sich wieder ins Gebiet der anderen Sippe wagen.»

Und die Kampfhandlungen können jederzeit wieder aufflammen, manchmal wegen einer Lappalie. Zuweilen liegt der Grund weit in der Vergangenheit. Meist aber geht es um Macht, Geld oder Frauen. «Einmal brachten sie ein junges Mädchen zu mir, das schwanger war von einem Mann einer anderen Sippe. Es hatte wohl versucht, eine Abtreibung vorzunehmen, die aber nicht gelungen war. Ich sagte den Angehörigen, dass sie viel zu lange gewartet hätten und das Mädchen nicht mehr zu retten sei. Sie hatte eine Blutvergiftung. Man könne höchstens noch versuchen, sie nach Mendi zu bringen, doch werde sie das wohl nicht mehr schaffen. Sie starb dann tatsächlich auf dem Weg nach Mendi. Daraufhin bekriegten sich die Sippe des Mädchens und die Sippe des Mannes, von dem sie schwanger war.»

Der Sippenkampf, der 1994 begann, dauerte bis 1999, zu einem eigentlichen Waffenstillstand kam es gar erst 2002. Sr. Gaudentia erinnert sich: «Zwischendurch wurde es ruhiger, dann etwa, wenn sie viele Tote zu beklagen hatten. Doch brauchte es nur einen Funken, bis es wieder losging. Ausgebrochen war dieser Krieg, weil die Regierung eine Strasse durch das Hochland nach Kutubu gebaut hatte, wo es Öl gab und bereits ein Ölförderunternehmen angesiedelt war. Da sie mehr Land verkaufen konnte, erzielte die eine Sippe einen höheren Profit als die andere. Dabei ging es offenbar nicht mit rechten Dingen zu; der erfolgreichere Sippenchef hatte wohl etwas nachgeholfen. Und dann kamen 1997 noch die Parlamentswahlen dazu.»

Wahlen führen in PNG immer zu Unruhen, das war auch bei den Parlamentswahlen 2017 der Fall. Roland Seib beschreibt die Situation 1997, als es zu massivem Wahlbetrug und mutmasslichen Attentaten auf Clan-Chefs kam: «Die Provinz versank für Monate in Anarchie. Angesichts der Gewalt trat die Provinzregierung den Rückzug in die Nichtpräsenz an. Staatliche Einrichtungen waren geschlossen, die Strasse blockiert.»

Der Staat schaut oft machtlos zu, er hat wenig Handhabe, um solche Ausschreitungen wirkungsvoll zu unterbinden. Schon nach dem Überfall auf das Dorf im Jahr 1968, bei dem 13 Menschen umkamen, wollten die Australier, die damals noch zuständig waren, die Schuldigen zur Rechenschaft ziehen. Sie schickten die vermeintlichen Rädelsführer ins Gefängnis. Sr. Gaudentia unterhielt sich später mit den Leuten darüber. «Die Beamten hatten offensichtlich keine Ahnung, wer die Drahtzieher waren. So haben die Einheimischen einfach die Jungen oder die Schwächeren statt die guten Krieger ausgeliefert. Es gab offenbar sogar ein Gerangel, wer ins Gefängnis durfte, weil sie sehen wollten, wie es dort war.»

Der in Indonesien als pädagogischer Fachberater tätige Jürgen Dornis nahm 1991 in der Abhandlung «15 Jahre Unabhängigkeit – Wohin steuert Papua-Neuguinea?» Bezug auf das Thema, ob sich der moderne Staat gegen traditionelles Faustrecht und Blutrache durchzusetzen vermag. Er kam damals zu folgendem Schluss: «Das aus dem Westen importierte, auf den individuellen Einzeltäter abzielende Sanktionssystem versagt angesichts einer Täterschaft, die ihre Identität in der Gruppe findet und die eingebettet ist in traditionelle Gemeinschaften, deren oberste Werte Erhalt und Wohlergehen der Sippe darstellen. Auch ein Krimineller kann in der Regel auf die Hilfe seiner Wantoks zählen – zumal, wenn sich die Kriminalität gegen eine traditionell verfeindete Sippe richtet oder finanzielle Vorteile für die Wantoks bringt.»

Tatsächlich war es dann auch nicht dem Staat zu verdanken, dass es nach dem grossen Sippenkrieg im März 2002 endlich zu einem Friedensschluss zwischen den rivalisierenden Parteien kam. Wie Seib schreibt, kam dieser vor allem aufgrund der Bemühungen von Kirchenführern und Frauengruppen zustande.

2008 wurde den damals sieben in PNG stationierten Baldegger Schwestern für ihren jahrzehntelangen Einsatz in Papua-Neuguinea der Anerkennungspreis der Alois und Jeanne Jurt Stiftung überreicht. Sr. Paula Maria Marfurt aus Sempach nahm zusammen mit Sr. Valentine Flury und Sr. Lorena Jenal den Preis in Baldegg stellvertretend für sie entgegen. Sr. Paula erzählte am Festakt, wie sie den Angriff auf der Missionsstation 1994 erlebt hatte. Das interne *Baldegger Journal* berichtete in seiner 14. Ausgabe darüber: «Ich war auf dem Weg zur Kirche, um das Morgengebet vorzubereiten. Da rannte plötzlich eine Frau an mir vorbei und verwarf die Arme unter lautem Geschrei, immer in eine Richtung weisend. Ich folgte ihr. Und was war es? Der Feind näherte sich über die abgebrannten Felder Richtung unserer

Missionsstation. Ja, sie kamen, und auch unsere Männer waren zum Kampf gerüstet. Die Kranken im Spital flohen, und einige versteckten wir in unserem Haus. Auch die Familien unserer Mitarbeitenden drängten hinein. Das Heer rannte im Sturmesschritt und unter lautem Kriegsgeschrei durch das Spitalgelände an unserem Haus vorbei. Sie schlugen kurz und klein, was im Wege stand, bis auch sie dann wieder in die Flucht geschlagen wurden. Häuser brannten, drei unserer Männer wurden aufgebahrt und es wurde Totenklage gehalten, gemischt mit Kriegsgeschrei. Wie wird das enden? In beiden Lagern gab es schon viele Tote, und die Vergeltung oder Blutrache wurde auf vier Generationen zurückgezählt. – Trostlos, sinnlos, unverständlich... Tasol – God i stap: Trotz allem, Gott ist da. [...] Wir glauben, dass er die langen und schwierigen Friedensverhandlungen begleitete, wo sich Missionsleute und andere Menschen, vor allem auch Frauen, zutiefst engagierten, um die vielen Spannungen durchzutragen, bis echte Versöhnung möglich war. Das waren nicht Tage, es waren Jahre. Ob diese Wunden heute geheilt sind? Wir wissen es nicht. – Tasol God i stap.»

Diese Totenklage hat Sr. Gaudentia noch heute in den Ohren. Früher, so erzählt sie, habe man diejenigen, die ihr Leben in einem Sippenkampf verloren hatten, hinauf auf die Felsen getragen, mit Asche bestreut, damit sie schneller austrockneten, und dann aus ihren Knochen Speere und andere Waffen hergestellt. «In unserer Zeit haben sie die Toten aber in ihrem Dorf aufgebahrt und dort die Totenklage für Krieger abgehalten. Die Männer singen dabei einen monotonen, tiefen Ton und die Frauen einen höheren, wobei sie ständig ‹Wir rächen euch, wir rächen euch› wiederholen. Kein schönes Ritual.»

Sr. Lorena aus Samnaun, die in PNG in der Familienpastoral arbeitet, erzählt drei Jahre später, in der 19. Ausgabe des *Baldegger Journals,* wie diese Sippenkämpfe manche der Betroffenen, auch solche, die für die nicht enden wollenden Auseinandersetzungen verantwortlich sind, psychisch belasten: «Ich erinnere mich an das Erlebnis mit dem mächtigen Sippenführer Sia. Er kam durch die Sippenkämpfe in eine tiefe Trostlosigkeit hinein, in Angst, Depression, Einsamkeit und Hoffnungslosigkeit. Die

Buschkriege kosteten viele Menschen das Leben und brachten ihn an den Rand der Verzweiflung. Er hatte elf Frauen und etwa fünfzig Kinder. Eines Tages kam er zu mir und sagte in befehlendem Ton, wie es seine Art und wie er es gewohnt war: ‹Ich will, dass du mich zur Taufe führst, weil ich Gott brauche.› Für uns beide begann ein langer Weg des Suchens und Hinterfragens, der Auseinandersetzung und der Herausforderung. Ein langer Weg von fast elf Jahren führte in die endgültige Entscheidung für die Taufe. Für die Taufe als Schritt hinein in den Reichtum des Evangeliums. Für die Taufe als Weg, weg von Manipulation und Ausbeutung, missbrauchter Macht, politischen Vorteilen und schmutzigem Geld. Keine seiner elf Frauen wurde ungerecht entlassen. Mit jeder Frau suchten wir im Gespräch, wie ihre Bedürfnisse respektvoll berücksichtigt werden konnten. Einige von ihnen starben auf dem langen Weg der Verwandlung. Andere zogen endgültig zu ihren erwachsenen Kindern und kamen zusammen mit Sia zum Taufunterricht. Mit ihnen allen und mit der Glaubensgemeinschaft wurde jene Frau gewählt, die mit Sia den Lebensbund der Ehe schliessen sollte. Sia wurde auf den Namen Abraham getauft [...].»

August 2018 in Hertenstein. Sr. Gaudentia hat eben über die Sippenkriege erzählt und zieht eine eher ernüchternde Bilanz. Insbesondere seit 1983/84 der amerikanische Ölkonzern Chevron ganz in der Nähe von Det seine Raffinerie in Betrieb genommen habe, laufe in der Region vieles aus dem Ruder. Bis Mitte der 1980er-Jahre habe es in der Gegend keine Drogen wie Marihuana gegeben. Sie erinnert sich daran, wie ihr eines Tages einige Einheimische erzählten, es seien Fremde gekommen und hätten ihnen Samen gegeben, die sie anpflanzen sollten. Sie kämen dann später wieder, um ihnen die Ernte für viel Geld abzukaufen. «So kam der Anbau von Marihuana in die Region, es wächst sehr gut da. Und niemand schreitet ein.» Mittlerweile hat ein blühender Handel mit Marihuana eingesetzt, und im Gegenzug kommen Waffen ins Land. Die Kämpfe seien deswegen in den letzten Jahren brutaler und unberechenbarer geworden. Bei früheren Kämpfen habe es noch gewisse Regeln, Tabus gegeben. «Diese hatten in den späteren Kriegen ab den 1990er-Jahre keine Wirkung mehr.

Zudem haben die Einheimischen Zugang zu schweren Waffen, und oft sind auch noch Alkohol und Drogen mit im Spiel.» Soeben ist ihr zu Ohren gekommen, dass in der Umgebung von Tari ein neuer Sippenkrieg ausgebrochen sei.

Während des ersten Teils des grossen Sippenkriegs der Jahre 1994 bis 1997 wurde die Missionsstation in Det schwer in Mitleidenschaft gezogen. Die Pflegerinnenschule musste schliessen, weil niemand mehr von aussen dorthin vordringen konnte. Die Schwestern entschieden dann, die Station vorübergehend nach Mendi zu verlegen. «Wir sagten den Einheimischen, wenn ihr uns wieder wollt, könnt ihr uns holen. Wir statteten eine einheimische Krankenschwester, die im Dorf wohnte, mit Medikamenten aus und entschieden uns, nach Mendi zu gehen. Die Verletzten liessen wir in unsere nächstgelegene Krankenstationen bringen, die ausserhalb des Kampfgebiets lag. Nach drei Monaten baten sie uns, zurückzukehren. Wir öffneten die Station wieder, ausschliesslich mit einheimischem Personal, verlegten aber die Pflegerinnenschule endgültig nach Mendi und blieben dort.»

Der Kampf gegen Aids beginnt

«Das ist Margaret, Margaret Anjo», sagt Sr. Gaudentia und zeigt das Foto einer Frau mittleren Alters, die ohne Scheu in die Kamera schaut. Margaret Anjo wurde 1994 HIV-positiv getestet und war die erste Aidspatientin, um die sich Sr. Gaudentia mit ihrem Team kümmerte. Ihr kleiner Sohn Charlie war HIV-negativ.

Aids trat in Papua-Neuguinea erstmals 1987 auf, doch hielt die Regierung das weitgehend unter Verschluss. Sie hegte wohl die Hoffnung, dass die Krankheit in den oft weit abgeschiedenen Buschdörfern kaum Fuss fassen würde. Sr. Gaudentia sah das anders. Sie befürchtete, dass sich das Virus rasend schnell ausbreiten würde. «Dass Männer oft mehrere Frauen haben, junge Menschen, Mädchen wie Burschen, früh und ziemlich unbekümmert sexuelle Erfahrungen machen und Vergewaltigungen relativ häufig vorkommen, all dies begünstigt die Verbreitung des Virus.» Klar war auch, dass viele Männer, die auswärts, in

Australien, an der Küste oder in Minen arbeiteten, dort wechselnde Sexualpartnerinnen hatten. Kamen sie dann nach einem Arbeitseinsatz zurück zu ihren Frauen, steckten sie diese an. So gelangte das Virus auch in die entlegensten Gegenden. Zuvor war die häufigste Geschlechtskrankheit Syphilis gewesen. Schlimm genug, wenn diese nicht behandelt wird. Doch Aids ist weit gefährlicher.

Das war auch bei Margaret Anjo so. Sie kam aus der Gegend von Mendi, ihr Mann arbeitete in den Minen bei Mount Hagen im Westlichen Hochland. Er war an Aids gestorben. Daraufhin wurde sie getestet.

Sr. Gaudentia war nicht zuletzt aufgrund ihrer Kontakte mit Missionen in Afrika für das Thema sensibilisiert. In Afrika, vorab in Uganda, wütete das Virus schon seit den 1980er-Jahren. 1986 wurde erstmals in einer breiteren Öffentlichkeit über Aids diskutiert, als der ugandische Sänger Philly Bongoley Lutaaya bekannte, HIV-positiv zu sein. Ein Jahr später starb er.

Sr. Gaudentia sagte sich: Wir müssen schnell herausfinden, wie viele Menschen schon krank sind, und die Einheimischen aufklären, damit es zu möglichst wenigen weiteren Ansteckungen kommt. Einfach war das nicht: In den 1990er-Jahren war es selbst in Europa noch nicht ganz trivial, Nachrichten breit zu streuen. Ungleich schwieriger war es im Buschland von PNG, wo es zwar vereinzelt Radios, aber kaum Fernsehen, Zeitungen oder Telefone gab und ein grosser Teil der Bevölkerung weder lesen noch schreiben konnte. «Es war eigentlich nur möglich, solche Themen von Angesicht zu Angesicht anzusprechen, am besten innerhalb einer Familie, denn immerhin ging es ja um Sexualität. Die Menschen in PNG sind zwar nicht verklemmt, aber öffentlich über Sexualität zu sprechen, gehörte sich trotzdem nicht.»

Sr. Gaudentia und ein Team von Mitarbeitenden besuchten systematisch die Buschdörfer, um dort vor der neuen Krankheit zu warnen. Das waren nicht nur ausgebildete Krankenpflegerinnen und Krankenpfleger, sondern speziell für diese Thematik geschulte Männer und Frauen, eine Art Aidsberater. «Aus jedem Dorf suchten wir geeignete Personen, die wir schulten, damit sie dann bei sich zu Hause über die neue Krankheit informieren konnten. Zum Glück kannte ich bereits so viele Menschen überall im Busch.

Das machte es sehr viel einfacher, dass man uns zuhörte und glaubte.» In der ersten Zeit wanderte sie stundenlang durch die Gegend, übernachtete in den Hütten und fragte nach Kranken: «Dabei sahen wir Menschen, die mit grosser Wahrscheinlichkeit die Krankheit hatten, manchmal wurden sie ausgestossen. Eine der ersten an Aids erkrankten Frauen, die ich aufspürte, hatte sich im Schweinestall versteckt, weil ihre Sippe sie verstossen hatte. Andere durften nicht mehr an den Bach, um sich zu waschen.»

Sr. Gaudentia erzählt weiter: «Wir gingen zu den Menschen in die Hütten, fragten nach Kranken, testeten sie mit der langwierigen Methode, die wir damals zur Verfügung hatten. Viele Aidskranke, die wir antrafen, waren froh, als sie erfuhren, dass sie eine Krankheit hatten, die man kannte, auch wenn anfangs die Angst davor gross war. Viele glaubten nach der Diagnose, sie würden schon sehr bald sterben, und waren erleichtert, als wir ihnen sagten, wir können etwas tun, damit es ihnen wieder besser ginge. Auch wenn das am Anfang sehr wenig war. Doch hat schon der Umstand ihre Situation verbessert, dass das Umfeld sich wieder der Kranken annahm und sie nicht mied oder gar plagte. Etwas vom Wichtigsten, was diese Aidsberaterinnen und Aidsberater vermittelten, war, der Krankheit das Stigma zu nehmen.»

Schnell improvisierten sie und fertigten Aufklärungsmaterial mit einfachen Zeichnungen an. Und sie liessen den Familien ein kleines Bilderbuch zurück, das aufzeigte, worauf man bei der Pflege der Kranken achten musste. Oft nahm Sr. Gaudentia aber als Erstes einfach einmal den Aidskranken oder die Aidskranke in die Arme. «Wir mussten zeigen, dass man sich mit Zuwendung nicht ansteckt», sagt sie. Wie wichtig das war, machte etwa die Reaktion einer HIV-positiven Frau deutlich, die es kaum fassen konnte, als eine Aidsberaterin ihr die Medikamente direkt in die Hand gab und sie dabei berührte. Unser Vorbild ist sehr wichtig, sagt Sr. Gaudentia. «Wenn die Frau das im Dorf und der Sippe erzählt, denken sie, dass es wohl nicht so gefährlich sein kann, wenn sie die Kranken berühren.»

Sr. Gaudentia war von der Aidsproblematik bald stark in Beschlag genommen. Gleichzeitig brachen in Det die erwähnten Stammeskämpfe aus, die sie nötigten, das Buschspital und die dortige Schwesternschule nach Mendi zu verlegen. Damals fragte die Frau Mutter in Baldegg ihre Mitschwester Gaudentia, ob sie in ein anderes Land versetzt werden wolle, zum Beispiel nach Äthiopien. «Ich habe mir das überlegt, doch war mir schnell klar, dass meine Aufgabe hier in PNG ist. Und dass ich meine ganzen Kräfte für den Kampf gegen Aids einsetzen musste. Mir war auch bewusst, dass wir gegenüber anderen einen Vorsprung hatten, weil wir seit dreissig Jahren hier arbeiteten und die meisten Einheimischen persönlich kannten. Vielen von ihnen habe ich geholfen, auf die Welt zu kommen. Dieses Vertrauen, das sie uns schenken, ist gerade bei diesem Thema, wo es auch um intime Dinge geht, entscheidend. All das hätte sich jemand, der neu gekommen wäre, zuerst erarbeiten müssen. Ich sagte also, dass ich gerne bleiben und mich hauptsächlich mit Aids beschäftigen wolle. Das Kloster verstand das und erlaubte es.»

Um näher bei den Informationen zu sein und weil in Det das Arbeiten im Spital nicht mehr möglich war, siedelte Sr. Gaudentia 1998 nach Mendi über, in die Hauptstadt des Südlichen Hochlands. Ihre langjährige Weggefährtin Sr. Lukas hatte dort bereits ein Pastoralzentrum eingerichtet.

Missionieren –
darf man das?

Missionsspardosen waren noch um die Mitte des letzten Jahrhunderts weitverbreitet. Meist stand oder kniete auf der Spendenkasse die Figur eines Schwarzen. Man nannte sie abwertend «Nickneger», denn warf man ein Geldstück ein, nickte sie. Es gab auch Ausführungen mit Indianern oder Chinesen. Unten stand etwa der Spruch: «Willst Du den Heiden Hilfe schicken, so lass mich Ärmsten freundlich nicken.»

Sr. Gaudentias erste Faszination für die Mission stammt aus einer Zeit, in der sie noch nicht als geringschätzig empfunden wurde. Das änderte sich: 1964 gab der evangelische Theologe und Vordenker der Bekennenden Kirche, Martin Niemöller (1892–1984), mit seinem Buch «Eine Welt oder keine Welt» den Anstoss zu dem, was etwas später als christliche Eine-Welt-Lehre bekannt wurde. Sie wendete sich gegen die übliche Unterteilung der Welt in drei Blöcke: Erste Welt – Industrienationen; Zweite Welt – kommunistisch regierte Länder; Dritte Welt – blockfreie Länder, wobei man den Begriff «Drittweltländer» oft als Synonym für Entwicklungsländer verwendete. Zum Eine-Welt-Gedanken gehörte, dass die Einwohnerinnen und Einwohner armer Länder nicht als hilflose oder gar unzivilisierte Empfänger milder Gaben gesehen wurden, sondern als Menschen, denen man auf Augenhöhe begegnete und deren Kultur und Bedürfnisse man ernst nahm. So lautete wenigstens die Theorie.

Drittweltläden wurden in der Folge in «Weltläden» umbenannt, das Wort «Mission» bekam zunehmend einen fahlen Beigeschmack. Missionsspardosen wurden nach und nach als unangemessen empfunden, im Lauf der 1970er-Jahre verschwanden sie ganz – einige sind noch in Museen als Kuriosität aus einer anderen Zeit zu bestaunen.

Daher die Frage an Sr. Gaudentia: Missionieren – darf man das? «Wenn das Ziel des Missionierens die Bekehrung zum Christentum ist, nein, das darf man nicht. Es gibt noch einige Freikirchen in PNG, dort trifft das zu, bei uns schon lange nicht mehr. Früher empfand man die Einheimischen, ihren Glauben und ihre Kultur als minderwertig. Das kenne ich aber nur aus Berichten, die lange vor unserer Zeit entstanden. Das war bei uns nicht mehr so. Schon in den Missionskursen, an denen wir teilnahmen, bevor wir ausgesendet wurden, war diese Haltung nicht mehr zu spüren. Es ging ausschliesslich darum, wie wir am besten helfen können, in den Bereichen Bildung und medizinische Hilfe. Je nach Neigung wurden wir entsprechend ausgebildet oder weitergebildet. Ich war ja diplomierte Krankenschwester und absolvierte dann die Weiterbildung zur Hebamme.»

Die Hilfeleistungen seien auch nie davon abhängig gemacht worden, ob sich jemand zum Christentum bekannte oder nicht. «Es gibt weder Zwang noch Druck. Getauft wird jemand nur auf seinen eigenen Wunsch und nach drei Jahren Unterricht. Es muss ihm wirklich ein Bedürfnis sein. Alles andere wäre ohnehin total sinnlos.» Der Glaube an Geister sei in PNG tief verwurzelt, er werde nicht von heute auf morgen abgelegt. «Diese Menschen sind ja nicht dumm, sondern nur nicht gebildet. Vor meiner Zeit, als die ersten Missionare dort waren, haben sich die Einheimischen offenbar munter den verschiedenen Richtungen angeschlossen, mal den Katholiken, mal den Evangelischen, dann wieder anderen. Sie wollten herausfinden, unter welchem ‹Geist› es ihnen am besten ging. So erzählte man mir das später. Unsere Aufgabe ist es, ihnen zu helfen, sich selbst zu helfen, und ihnen dort christliche Werte vorzuleben, wo sie sich selbst im Weg stehen. Dabei geht es meist um das Thema Vergeben. Im Gegensatz zur Vergeltung, Aug um Aug. Denn dann geht die Gewalt immer weiter.»

Sr. Martine Rosenberg drückt das so aus: «Eine Weile lang durfte man das Wort ‹Mission› fast nicht mehr in den Mund nehmen, es war verpönt. Stattdessen sprach man von ‹Entwicklungshilfe›. Das trifft es ja auch. Das hat sich besonders mit Papst Franziskus geändert. Er spricht wieder von Mission, aber natürlich nicht im Sinn von Bekehrung. Unter ‹Mission› im modernen Sinn versteht man, dass man den Glauben lebt und sichtbar macht. Man soll sich als Christ nicht verstecken und versuchen, nach den christlichen Grundwerten zu leben. Zu diesen gehört eben auch, dass man jeden Menschen in seiner Art respektiert.»

In einem Text, der im Dezember 2018 in der Jesuiten-Zeitschrift *Christ in der Gegenwart* erschien, resümiert Marcel Bauer die Geschichte der christlichen Mission. Dabei zeigt er auf, wie sich das Verständnis wandelte. Die Missionsbestrebungen gingen einst mit dem Kolonialismus einher und wurden zeitweise als Wettlauf zwischen den Staaten, später auch zwischen den Konfessionen oder unter verschiedenen Kirchen ausgetragen. Wer rettet mehr arme Seelen? Dabei ging man mit den Einheimischen nicht zimperlich um. Die protestantische Mission verbreitete 1886 von Amerika aus den Slogan der «Evangelisation der Welt innerhalb einer Generation». Die katholische Kirche begann später mit ihrer Glaubensverkündung, indem Rom den einzelnen Orden selbstherrlich Missionsgebiete zuteilte. Mit den Jahren machten sich zudem Freikirchen in die abgelegensten Gebiete auf, was nicht selten zu Konflikten führte.

Man sollte aber nicht vergessen, findet Bauer, «dass viele Vertreter der Mission sich für die geschmälerten und gefährdeten Rechte der Eingeborenen eingesetzt haben. Missionare standen oft aufseiten der unterdrückten Völker und Minderheiten.» Auch seien Ausbildung und Entwicklung seit Beginn wichtiger Teil des humanitären Auftrags von Missionen gewesen. «In vielen Lebensbereichen der fremden Völker übernahmen Missionare eine Pionierrolle.»

Dass die dabei zuweilen ergriffenen Mittel den Zweck aus heutiger Sicht keinesfalls heiligen, zeigen zwei Ausschnitte aus Berichten von Missionsinspektoren aus den Jahren 1906 und 1911 während der deutschen Kolonialzeit im heutigen PNG, welche Jürgen Dornis in seiner Publikation «Von der Missionsschule zur Dorfentwicklung» zitiert: «Wie die Plantagen Arbeiter anwerben, so wirbt auch die Mission für ihre Zwecke junge Leute an. Diese verpflichten sich für zwei bis drei Jahre ganz auf der Station zu wohnen [...] Die Bedeutung der Kostschüler liegt auf der Hand. Sie sind eine Sammlung vorläufig sonst unerreichbarer Missionsobjekte [...] Sie lernen Zucht und Ordnung und geregelte Arbeit; sie lernen Lesen, Schreiben, Rechnen und was sie besonders gern tun, Singen.» (1906)

«Die Schüler gewannen eine Erkenntnis davon, dass der Wandel nach väterlicher Weise voll Schlechtigkeit sei und Gott nicht gefallen könne, dass hingegen die Lehre der Missionare gut sei und keine Lüge, wie die Alten ihnen einreden.» (1911)

Hundert Jahre später schreibt Sr. Martine Rosenberg im *Baldegger Journal* (14/2008): «Die Vermittlung des Glaubens ist eine Geduldsprobe. Missionsarbeit ist nur etwas für geduldige Menschen. Nichts darf aufgezwungen werden, ganz besonders auch nichts Religiöses. Aber der befreiende christliche Glaube ist ein hohes Gut. Jeder Mensch hat das Recht, davon zu wissen, ihn kennen zu lernen, in Geduld darüber nachzudenken und unterrichtet zu werden. Jeder weitere Schritt steht im persönlichen Entscheid des Menschen. Wer als Christin oder Christ in Papua-Neuguinea leben will, sollte im Alltag die Konsequenzen ziehen. Diese aufzuzeigen, ist eine der Aufgaben der Missionarinnen und Missionare. Die Bergpredigt des Evangeliums weist den Weg. Es braucht viel Geduld für die Papuas und die Schwestern, in einer von Rache und Vergeltungsdenken geprägten Gesellschaft miteinander Wege christlichen Handelns zu suchen, zu finden und zu gehen.» Was für ein Wandel, blickt man zurück zum ursprünglichen Verständnis von Mission als Bekehrung des Fremden.

Marcel Bauer hebt in seiner Abhandlung die Rolle der Missionarinnen besonders hervor, die, wie er sagt, häufig unterschlagen werde. Es seien gerade zu Beginn des 20. Jahrhunderts vorab Ordensfrauen und evangelische Pfarrfrauen gewesen, welche die Würde der Frau zu einem wichtigen missionarischen Anliegen machten. «Sie richteten Schulen für Mädchen ein und gaben Frauen religiöse, soziale und technische Unterweisungen – damals etwas Unerhörtes. Das sollte die Stellung der Frau in der Gesellschaft grundlegend verändern.» Vor allem die katholische Mission habe Ordensfrauen ermöglicht, ihre Talente in die römische Männerkirche einzubringen. «Dank

ihrer Schulen und Hospitäler hatten die Schwestern bald engen Kontakt zur einheimischen Bevölkerung und übten grossen Einfluss aus.»

Im Hochland von Papua-Neuguinea begann die Mission spät. Am 9. September 1954 trafen der Walliser Pater Alexis Michellod und sein Mitbruder Jean Delabarre in der Provinzhauptstadt ein. Sie gehörten der 1854 gegründeten Ordensgemeinschaft der Herz-Jesu-Missionare an. Tags darauf las Pater Alexis die erste Messe. Das Messbuch sah für den 10. September das zwölfte Kapitel des Lukas-Evangeliums vor, die Sätze 32 bis 34. Diese Stelle beginnt so: «Fürchte dich nicht, du kleine Herde! Denn euer Vater hat beschlossen, euch das Reich zu geben.» Der zweite Bischof von Mendi, Stephen Reichert, beschreibt 2004 in einer kleinen Geschichte der Mendi-Mission, die er zum Fünfzig-Jahr-Jubiläum verfasste, wie bewegt Pater Alexis war, dass dies seine erste Botschaft war, die er den Einheimischen überbringen konnte. Der Schweizer wirkte Jahrzehnte im Land und ging als «Apostel des Südlichen Hochlands» in die Geschichte ein. Sr. Gaudentia ist ihm bei einem Aufenthalt in Mendi in den späten 1970er-Jahren persönlich begegnet. Sie erlebte ihn als gütigen, charismatischen und tiefgläubigen Menschen. In den nächsten Jahren trafen Missionare aus unterschiedlichsten Ländern und Konfessionen, Orden und Freikirchen ein: Passionisten, Herz-Jesu- oder Monfort-Missionare, Mariannhill Fathers, Maristenpatres, aber auch Franziskaner, Dominikaner und Kapuziner. Hinzu kamen Missionare protestan-

brachten ihnen Lebensmittel und Feuerholz und halfen ihnen beim Roden, beim Häuserbau und beim Anlegen von Abwasserkanälen. Pater Alexis baute sich mit ihrer Hilfe ein zweistöckiges Busch-Chalet, ohne einen einzigen Nagel zu verwenden. Die Balken wurden mit hölzernen Zapfen zusammengehalten. Dieses «Swiss-style-bush-house» wurde zur Sehenswürdigkeit in der Region. So etwas hatte man bis anhin noch nie gesehen.

Sr. Gaudentia erlebt diese kosmopolitische Vielfalt so: «Im Südlichen Hochland sind noch fünf andere christliche Kirchen aktiv, darunter auch Freikirchen, vor allem aus den USA. Wir arbeiten zusammen, wenn wir dieselben Ziele haben. Das ist gerade in der Krankenpflege oft der Fall. Wir haben jährlich Versammlungen, bei denen wir uns austauschen und absprechen. Es macht keinen Sinn, dass wir uns konkurrenzieren. In den 1970er-Jahren gab es ein paar kleinere christliche Gemeinschaften, die beispielsweise keine Katholiken behandeln wollten. Aber diese Zeiten sind vorbei. Im Auftrag der WHO wurde dann ein Rat, der Churches Medical Council, gebildet. Ich war darin die Ansprechperson für die Diözese Mendi.»

In Papua-Neuguinea wird heute etwa die Hälfte der medizinischen Dienstleistungen ausserhalb der Städte, in den Missionsstationen, erbracht. Im Südlichen Hochland ist es weit mehr. Sie werden vorwiegend von katholischen Institutionen betrieben.

Neben der Gesundheitsversorgung sind die Missionen auch stark

tischer oder evangelischer Richtung, darunter auch Methodisten, anglikanische Missionare und Freikirchen wie die Adventisten. Viele stammten aus Australien und vor allem aus den USA. Für Aussenstehende ist diese Ansammlung von verschiedenen Landsleuten und christlichen Glaubensrichtungen auf so engem Raum verblüffend und verwirrend. Schaut man aber genauer hin, wird klar, dass die Unterschiede fernab von der Heimat in dieser fremden Umgebung wenig zum Tragen kommen. Die Zeiten, in denen man sich Seelen abjagte, scheinen vorbei zu sein, Mission ist kosmopolitisch.

Die Menschen im Südlichen Hochland nahmen die ersten Missionare ausserordentlich freundlich und offen auf. Sie stellten ihnen Land für ihre Wohnhäuser und Gärten, für Schulen und Kirchen zur Verfügung. Sie

ist ja das Kloster Baldegg verantwortlich. Das Geld, das wir im Land bekommen, wollen wir dort einsetzen. Wir wollen dem Land kein Geld entwenden.» So schickte das Kloster Baldegg jeweils Geld an die Diözese Mendi. Und sie tut das noch heute. Hinzu kommen Spendengelder.

im Bildungswesen vertreten, vor allem auf Primarschulstufe. Laut Beobachtern vor Ort sind Missionarinnen und Missionare in abgelegeneren Gebieten für die Hälfte des Bildungsangebots zuständig. Neben Primar- und Mädchenschulen gehören dazu auch Ausbildungsplätze für verschiedenes Handwerk, für die Landwirtschaft und für Pflegeberufe. Der Staat zahlt in der Regel den Lohn für die Lehrer und gibt die Lehrmittel und Lehrziele vor. Daneben existieren auch Katechismusschulen, an denen einheimische Priester, Ordensbrüder und Ordensschwestern ausgebildet werden.

Konkret wird die Baldegger Missionsstation folgendermassen finanziert: Der Staat bezahlt den Schwestern für ihre Arbeit als Krankenschwestern und Lehrerinnen einen kleinen Lohn – umgerechnet ungefähr 250 Franken pro Monat. Dieses Geld liefern sie dem Bischof von Mendi ab. Dieser wiederum bezahlt den Priestern, Katecheten und eben auch den Ordensschwestern einen Betrag aus. Sr. Gaudentia präzisiert: «Das waren 300 Kina, umgerechnet etwa 100 Franken. Dieses Geld brauchen wir, um andere zu entlohnen, die in unseren Stationen arbeiten. Für uns

1998 bis 2018

Mendi

Lernen, mit dem Virus zu leben

Anfangs gab es keine wirksamen Aidstherapien, keine spezifischen Medikamente, und Aidstests waren ein mühsames Verfah-
ren. Man musste das Blut in ein spezialisiertes Zentrum schicken
und in der Regel einen Monat auf das Resultat warten. Wenn es
denn überhaupt ankam. Sr. Gaudentia erinnert sich, wie 2001
während eines Sippenkriegs in Mendi in einem Monat 17 Frauen
vergewaltigt wurden. Besorgt darüber, dass die Opfer dabei mit
HIV infiziert worden sein könnten, schickte Sr. Gaudentia Blutproben nach Mount Hagen zur Analyse. Doch Banditen raubten
und vernichteten diese.

   Unter Sr. Gaudentias Leitung entstand im Rahmen des Catholic Health Service in Mendi eine Strategie, um die Gesundheit
von Müttern und Kindern zu verbessern. Sie beinhaltete auch
Weiterbildungen für das Gesundheitspersonal in Bezug auf HIV
und Aids und die Sensibilisierung der Öffentlichkeit. Dazu gehörten zudem ständig aktuelle Informationen über Behandlungs-
möglichkeiten, das Angebot von HIV-Tests und schliesslich die
sofortige Behandlung von HIV-Positiven, so gut es eben ging.

   Bis 2002 bestand die Behandlung allerdings lediglich im
Rat, sich gesund zu ernähren, und der Verabreichung von Bactrim, um Infektionen zu bekämpfen. Sr. Gaudentia sagt: «Damit
erzielten wir zwar oft schon eine erstaunliche Verbesserung des
Zustands des Erkrankten, aber wir waren doch recht hilflos.»

   Die Befürchtung, dass sich das Virus in diesem Umfeld
schnell verbreiten würde, bewahrheitete sich. Bei ihren Besuchen in den Buschdörfern realisierten Sr. Gaudentia und ihre Mitarbeitenden das Ausmass der Katastrophe. Es zeigte sich bald ein
deutliches Bild: In der Altersgruppe der 14- bis 30-Jährigen gab
es besonders viele HIV-Positive. Zudem wiesen die jungen Frauen
im Alter von 14 bis 20 Jahren einen auffällig höheren Anteil von
Infizierten auf als die gleichaltrigen Männer. Bei den Männern
jedoch gab es in der Altersklasse der 40-Jährigen viele, die HIV-
positiv waren. «Das liess darauf schliessen, dass es vor allem die
Männer dieser Altersgruppe waren, welche die jungen Frauen
und Mädchen ansteckten. Viele von ihnen arbeiteten eine Weile in

den grösseren Orten an der Küste, in Port Moresby zum Beispiel, oder sie hatten einige Zeit in Australien gelebt. Wir schlossen daraus, dass das Virus auf diesem Weg zu uns fand. Das waren wichtige Erkenntnisse, um zu wissen, welches unsere hauptsächliche Zielgruppe war.»

Eine 1999 erstellte Studie errechnete für PNG die höchste Aidsrate der Pazifikregion. Und Sr. Gaudentia ging damals aufgrund ihrer Erfahrungen vor Ort davon aus, dass auf einen entdeckten Fall mindestens zehn unentdeckte kamen. Noch heute hat Papua-Neuguinea nach Erhebungen der WHO eine Aidsrate von fast einem Prozent, was in der Grossregion ein Spitzenwert ist. Gemessen an gewissen afrikanischen Staaten jedoch zeigt sich, dass die Ausbreitung einigermassen eingedämmt werden konnte: Südafrika weist eine Rate von fast 19 Prozent, Swasiland als trauriger Spitzenreiter eine von mehr als 27 Prozent auf.

Prävention und Behandlung erfolgten parallel. Sr. Gaudentia erzählt: «Mit dem Antibiotikum Bactrim konnten wir den Zustand der Erkrankten etwas stabilisieren. Es wirkte ganz gut, denn sie waren natürlich mit ihrem geschwächten Immunsystem anfälliger für Krankheiten: für Haut- und Lungenkrankheiten, aber auch für Malaria. Bactrim hatte ausserdem den Vorteil, dass es ein billiges Medikament war. Das Hauptproblem war aber, dass man damals noch so wenig über diese Krankheit wusste. Nicht nur bei uns in PNG, sondern überhaupt. Wir mussten einfach beobachten und ausprobieren.»

Zusammen mit einer Schwester aus einer anderen Kongregation, die als Primarlehrerin im Westlichen Hochland tätig war, erstellte sie Unterrichtsmaterial. Das Unterrichtsmaterial, das sie für die Aidsberaterinnen und Aidsberater entwickelte, wurde später vom National Aids Council für die Heimpflege von Aidskranken übernommen und im ganzen Land angewendet. Zum Zeitpunkt, als sie mir vom Aufbau der Aidszentren und der HIV-Prävention erzählte, war sie noch voll aktiv: Ihre Mitarbeitenden und sie besuchten die Sekundarschulen und gaben dort Sexualunterricht: «Wir trennen jeweils die Mädchen und Buben, weil die Mädchen sonst nichts sagen oder fragen. Wir zeigen dann, wie ein Kind gezeugt wird und wie es sich im Mutterleib entwickelt.

Dann sprechen wir über Aids und erklären, wie sich die Krankheit verbreitet. Und wie man eine Ansteckung verhindern kann. Wir sagen den Mädchen, dass sie vorsichtig sein müssen, mit wem sie sich einlassen. Es ist nun eben so, dass die Jugendlichen bei uns mit Sex relativ locker umgehen und schnell einmal miteinander in den Busch verschwinden. Und den Burschen sagen wir, dass sie Verantwortung tragen für die Gesundheit ihrer Frauen und Kinder: Ihr müsst eure Frauen schützen! Das ist in einer Gesellschaft, in der Sippenchefs alles entscheiden, gar nicht so selbstverständlich. Das ist es ja auch in so fortschrittlichen Ländern wie der Schweiz nicht.»

Homosexualität kommt bei der Aidsprävention zwar zur Sprache, aber nur am Rande. «Die Ansteckung geschieht bei uns vor allem über Geschlechtsverkehr unter heterosexuellen Paaren und über Spritzen beim Drogenkonsum. Homosexualität ist bis heute gerade in ländlichen Gebieten ein Tabu. Wir hatten nur einen Fall von einem Jungen, der angesteckt wurde, als er von einer Gruppe von Männern vergewaltigt wurde. Aber Aids ist in PNG ein Problem, das die ganze Bevölkerung betrifft.»

Sr. Gaudentia und ihr Team bilden in Mendi auch gezielt Ehepaare aus. Diese besuchen einen einwöchigen Kurs, in dem sie vertieftes Wissen über den Umgang mit Aidskranken und Prävention erhalten. Danach gehen sie in die Dörfer ihrer Region und geben ihr Wissen weiter. Nun zeigt Sr. Gaudentia Fotos, auf denen Einheimische Piktogramme auf gelbe Plastikbänder übertragen: Eine Mücke, ein Mensch, der hustet, ein Händedruck oder zwei Menschen, die sich umarmen – so steckt man sich nicht an, das ist die Botschaft. Dann gibt es auch Material mit einfachen Texten: «Friend yes, sex no». Oder: «One faithful partner in life», ein treuer Partner im Leben. «Natürlich ist uns bewusst, dass das allein nicht ausreicht. Wir halten uns an die in Afrika in der Aidsprävention propagierte ABC-Regel: A für Abstinenz; wenn das nicht geht: B für behaviour, also Verhalten oder auch be faithful, sei treu, und C: Wenn dir das nicht gelingt, dann benutze ein Kondom.» Eine Ordensschwester rät zum Kondom? «Ja, natürlich haben wir auch Kondome verteilt. Und in der Schule, im Sexualunterricht, haben wir auch gezeigt, wie man diese richtig anwenden muss. Sonst nützt ja alles nichts. Auch dazu sagte der Bischof nur: Komm mich nicht fragen. Tu es einfach.»

Sr. Gaudentia machte die Erfahrung, dass die Sensibilisierung für das Thema Aids am besten in der Gruppe funktioniert – erst recht in einer Gesellschaft, die so stark durch das Sippendenken geprägt ist. Sie erzählt von einem dramatischen Familienzwist, der sich 2011 ereignete und eine ungewöhnliche Intervention erforderte: «Ein Ehepaar kam zu uns und sagte, die Frau werde beschuldigt, eine Sanguma Meri zu sein, also eine Hexe. Sie habe eine andere Frau dieses Mannes krank gemacht. Der Ankläger war ein Sohn jener beiden.» Als Sr. Gaudentia meine Verwirrung bemerkt, lacht sie. «Manchmal sind diese Beziehungen schon etwas kompliziert. Also: Die kranke Frau war bei uns registriert. Sie war HIV-positiv, und wir sahen in unseren Unterlagen, dass sie ihre Medikamente nicht mehr nahm. Wir hatten sie zudem stets gemahnt, sie müsse ihrem Mann sagen, dass sie das Virus habe. Das hatte sie offenbar nicht getan und stattdessen die andere Frau beschuldigt, sie krank zu machen. So gingen wir zum Dorf und riefen die ganze Sippe, also den Mann, seine Frauen und Kinder, zu einem Gespräch auf dem Dorfplatz zusammen. Dort sassen wir im Kreis, und ich fragte die Kranke vor allen anderen: ‹Hast du es deinem Mann gesagt?› Sie verneinte, und als ich fragte, weshalb sie das nicht getan habe, sagte sie, er würde sie schlagen. Das war wahr, der Mann war als brutaler Schläger bekannt, deshalb waren ihm auch schon mehrere Frauen davongelaufen. Ich sagte dann: ‹Du weisst doch, weshalb du krank bist.› Sie nickte. Da sagte ich: ‹Soll ich es ihm sagen?› Sie reagierte nicht. Ich schaute dann den Mann an und sagte: ‹Soll ich dir sagen, weshalb deine Frau krank ist?› Und fügte mit dramatischem Unterton an: ‹Oder schlägst du mich dann auch?› Er schüttelte den Kopf. Dann sagten wir zu ihm: ‹Diese Frau ist nicht krank, weil deine andere Frau ihr Böses wünscht, sondern weil sie Aids hat. Und sie hat die Medikamente nicht mehr eingenommen, deshalb geht es ihr schlecht.› Daraufhin wurde der Mann böse, er nahm einen Stock und fuchtelte wild damit herum. Er schrie den Sohn an, der seine Mutter zur Intrige angestiftet hatte. Ich schaltete mich ein: ‹Was ihr hier gehört habt, darf diesen Kreis nicht verlassen.› Und zum Mann gewandt, fuhr ich fort: ‹Wenn jemand es weitererzählt, darfst du ihn ins Gefängnis werfen.› Zur Frau sagten wir: ‹Möchtest du wieder gesund werden? Dann komm zu uns.› Dem Mann boten wir an, ihn zu testen, damit er wüsste, ob er das Virus ebenfalls hatte. Sie nahm dann die Medikamente wieder, er kam zum Test. Er war negativ.»

Eine der aktivsten Aidsberaterinnen war Margaret Anjo, jene Frau, die Sr. Gaudentias erste Patientin mit Aids war. Sie hatte sie sofort mit Bactrim behandelt, dem einzigen Medikament, das damals zur Verfügung stand und wenigstens etwas Wirkung zeigte. «Es kam ihr zugute, dass ihre Ansteckung so früh entdeckt wurde, da schlug die Behandlung richtig gut an.» 2002 kontaktierte eine Hilfsorganisation aus Australien Sr. Gaudentia. Sie bot an, für eine HIV-positive Person die vor einiger Zeit auf den Markt gekommenen, sehr teuren Aidsmedikamente zu finanzieren. Sr. Gaudentia hatte bis dahin nur wenig Erfahrung mit diesen neuen Medikamenten. So reiste sie zusammen mit Margaret nach Port Moresby und liess sich dort von Fachleuten die neue Therapie erklären. «Danach ging es Margaret Anjo immer besser, und sie hat uns sehr stark bei der Aufklärungsarbeit geholfen.»

2004 wurde Sr. Gaudentia im Rahmen ihrer Pionierarbeit im Aufbau von Aidsstationen in Papua-Neuguinea an einen Kongress nach Cairns im australischen Bundesstaat Queensland eingeladen. Sie nahm Margaret mit. «Deshalb ist ihr Geburtstag jetzt am 28. Februar.» Weshalb? Solche Geschichten machen Sr. Gaudentia sichtlich Spass. «Wir mussten für Margaret einen Pass beantragen, aber sie wusste ihr Geburtsdatum nicht. Das heisst, sie hatte einfach keines. Da wählten wir meinen Geburtstag und ein nach unserem Dafürhalten ungefähr passendes Geburtsjahr. Es muss halt alles seine Ordnung haben.» Margaret lebt heute noch und ist gesund.

Die Krankheit verunsicherte die Menschen stark. Sr. Gaudentia erzählt: «Einmal konnten wir im letzten Moment verhindern, dass eine Frau, deren Mann an der Krankheit gestorben war, verbrannt wurde, weil man sie der Hexerei beschuldigte und ihr die Schuld am Tod des Mannes gab. Es ist daher sehr wichtig, dass wir den Menschen erklären, wie sich diese Krankheit ausbreitet, weil sie traditionellerweise dazu neigen, alles Elend und alles Schlechte Sanguma, einem bösen Geist, zuzuschreiben, der von einer Person Besitz ergreift.» In einem vom Priestermissionar Philip Gibbs in Porgera gedrehten Film über Aidskranke erzählt eine Frau, dass sie einen Säugling aufziehe, deren Eltern an Aids gestorben sind. Die Angehörigen liessen das Neugeborene testen und warfen es danach in den Fluss, weil es positiv war. Eine Verwandte rettete das Kind und brachte es ihrer Cousine, die sich seiner annahm.

Auch der damalige Bischof von Mendi, Stephen Reichert, erkannte früh, dass es sich bei HIV um ein gewaltiges Problem handelte. 2002 erklärte er als Vorsitzender der Bischofskonferenz dieses Thema zum Schwerpunkt einer Konferenz. Drei Tage diskutierten die Bischöfe über dieses heikle Thema. Als Pionierinnen auf dem Gebiet eingeladen waren vier Schwestern, darunter Sr. Gaudentia. Sie war damals bereits im ganzen Land eine anerkannte Aidsspezialistin. Die vier Frauen zeigten den Anwesenden schonungslos auf, wie diese Krankheit die Gesellschaft veränderte und herausforderte. Sie nahmen kein Blatt vor den Mund, obwohl nicht alle anwesenden Prälaten so aufgeschlossen waren wie ihr eigener Bischof. «Anfangs bestimmte vor allem der Umstand, dass wir zu Kondomen rieten, die Diskussion. Es missfiel vielen», erinnert sich Sr. Gaudentia. «Im Laufe der Gespräche aber trat dieses Thema in den Hintergrund, und wir konnten endlich über Wichtigeres sprechen. Nämlich, dass die Kirche bei der Aufklärung und Prävention mithelfen musste. Sie beschlossen, in die Jugendseelsorge zu investieren, damit die Jugendlichen lernen, Verantwortung für ihr Handeln, auch in sexueller Hinsicht, zu übernehmen.»

Nach und nach wurden sechs der von der Kirche betriebenen zwölf bestehenden Gesundheitszentren in der Region um HIV-Abteilungen ergänzt. Hinzu kamen drei eigentliche Aidszentren, das grösste wurde 2005 in Mendi eröffnet, die Epeanda Urban Clinic at Kumin Mission, die vom National Catholic HIV and Aids Office und auch vom Staat unterstützt wird. Epeanda heisst «Gutes Haus». Und 2006 startete Sr. Gaudentia mit den Angestellten der Epeanda-Klinik das Programm «Friends»: Zwei- bis dreimal im Jahr werden alle HIV-Infizierten für einige Tage in die Kumin-Mission in Mendi eingeladen, wo man sie über die neusten Erkenntnisse informiert, sie sich untereinander austauschen können – und wo sie, nicht zuletzt, einige Tage gutes und gesundes Essen bekommen. Manche ehemals selbst erkrankte Frauen sind mittlerweile «Muttermentorinnen» geworden, die ihre eigenen Erfahrungen als HIV-positive Mütter mit anderen infizierten Müttern teilen.

Aus dieser Kerngruppe entstand auf Betreiben von Philip Gibbs die Idee, am Welt-Aids-Tag, der jeweils am 1. Dezember stattfindet, einen grossen Umzug durch die Stadt zu veranstalten. Diese Kundgebung, an der die «Friends» als Betroffene offen und mit roten T-Shirts mitmarschieren, ist für Sr. Gaudentia ein sichtbares Zeichen, dass die Aidsprävention Früchte trägt. HIV-positive Frauen und Männer treten vors Mikrofon und erzählen, was ihnen widerfahren ist. «Nicht das Virus tötet euch, sondern die Angst und die Scham, wenn ihr euch deswegen nicht in Behandlung begebt», ruft eine junge Frau. Eine andere warnt junge Mädchen davor, wie sie damals mit einem Mann zu gehen, ohne dass dieser ihren Eltern dafür Schweine oder Geld gibt – heisst, ohne dass er sie heiraten wird. «Ihr wisst nichts über diesen Mann!», sagt sie. Und weiter wendet sie sich an die verheirateten Frauen, deren Männer irgendwo auswärts arbeiten und wohnen. «Wenn ihr eurem Mann nicht traut, dann schlaft nicht mit ihm. Sagt ihm, Freund, lass dich testen, damit du nicht andere ansteckst, falls du das Virus hast.» Und eine weitere Frau – mehr Frauen wagen es, zu sprechen – sagt: «Schaut uns an. Wir sehen nicht anders aus als ihr. Und unter euch hat es auch Leute, die das Virus haben. Es gibt Medizin, ihr müsst nicht sterben.»

Dass HIV-Positive öffentlich zur Krankheit stehen, ist ein wichtiger Schritt innerhalb der Aidsprävention, kommt es doch immer noch vor, dass sich Menschen aus Scham nicht testen lassen, obwohl sie ahnen, dass sie das Virus in sich tragen. Oder sie unterziehen sich keiner Behandlung, weil sie befürchten, dass sie als HIV-Positive ausgegrenzt werden. So erzählt Sr. Gaudentia von Infizierten, die Angst haben, dabei gesehen zu werden, wenn sie in der Epeanda-Klinik ihre Medikamente abholen. Manche bitten um ein Treffen an einem ruhigen Ort in der Stadt, öffnen dort unauffällig ihre Tasche, in die dann eine Spitalangestellte die Aidsmedikamente legt. Wie hierzulande beim Drogendeal.

Ab 2002 kamen spezielle Aidsmedikamente auf den Markt, doch waren sie in PNG noch kaum erhältlich. Auch mussten das Pflegepersonal und die Ärzte zuerst instruiert werden, wie diese anzuwenden waren. 2003 startete ein entsprechendes Weiterbildungsprogramm an einem Spital in Chimbu, der kleinsten der Hochlandprovinzen. Dieses wurde von der Ärztin Ann Doherty geleitet, die zuvor in Kenia gearbeitet hatte, wo Aids bereits seit 1984 grassierte und das Gesundheitssystem vor grosse Probleme stellte. 2003 bekam auch Sr. Gaudentia das erste Mal über Indien Zugang zu solchen Aidsmedikamenten, doch musste das Spital diese selbst bezahlen. Sie waren teuer und konnten daher nur in speziellen Fällen verschrieben werden.

Sr. Gaudentia leitete den gesamten Catholic Health Service in Mendi. Zu ihren Aufgaben gehörte es auch, die Finanzen für die Aidsbehandlung zu beschaffen. Entwicklungsgelder kamen hauptsächlich von der Caritas Australien. Doch galt es auch andere Quellen zu erschliessen. Dabei sei es schon hilfreich gewesen, dass man sie dort relativ gut kenne, sagt Sr. Gaudentia. Es ist ihr sichtlich etwas peinlich, das zu sagen. «Ich wusste, wo wir Geld bekommen konnten. Wenn mein Name auf einem Antrag stand, ging es leichter. Dann war klar, dass da nicht gemogelt wurde.»

Sr. Martine, die damals in Baldegg Sr. Gaudentias Vorgesetzte war, staunt noch heute, wie geschickt und erfolgreich Sr. Gaudentia darin war, die nötigen Mittel für Medikamente und weiteres für die Behandlung notwendiges Material aufzutreiben. «Ich lernte da eine neue Seite an ihr kennen. Es zeigte sich, wie gut vernetzt und anerkannt sie war. Und wie hartnäckig sie auch in solchen Dingen sein konnte.» Ab den 1990er-Jahren bezahlte Australien Entwicklungsgelder fast nur noch für Projekte, die von den Kirchen ausgingen, weil ihre früheren Beiträge, die sie an den Staat entrichtet hatten, kaum Effekte zeigten. In Papua-Neuguinea gingen die Beiträge vor allem an die Caritas, die unter anderem das HIV-Programm in Mendi unterstützte. Ab 2008 kam auch Geld vom Staat, womit er die HIV-Behandlung in der Gross-region faktisch an den Catholic Health Service der Diözese Mendi delegierte. Seit einiger Zeit kann das Zentrum Aidsmedikamente vom Global Fund beziehen, einer Dachorganisation verschiedener Staaten Ozeaniens. 2012 kam es allerdings zu einem mehrmona-tigen Lieferengpass, der das Team in Mendi vor grosse Probleme stellte. Die Australasian Society for HIV Medicine half ihnen dabei, diese Zeit behelfsmässig mit Ersatzprodukten zu überbrücken. Sr. Gaudentia betont: «Auch die fachliche Unterstützung durch diese Organisation war für uns sehr wichtig. So zeigte sie uns, wie wir die Zeit, in der die Medikamente fehlten, am besten überbrückten, ohne dass unsere Patientinnen und Patienten Schaden nahmen. Später wurde dann das Thema wichtig, wie wir verhindern konn-ten, dass diese gegen gewisse Stoffe resistent wurden.»

Sr. Gaudentia gelang es manchmal auch, von eher unerwar-teter Seite Unterstützung zu bekommen: so etwa von der Oil Search Company, der Nachfolgeorganisation von Chevron, welche in der Region Erdölraffinerien betreibt. «Wenn gewisse Stoffe knapp wurden oder die Maschinen ausfielen, mit denen wir die CD4-Rezeptoren zählen und damit Aussagen über das Immunsystem des Patienten machen können, sprangen sie ein. Sie können dort alle nötigen Bluttests machen, und seit einiger Zeit schicken wir unsere Blutproben direkt nach Kutubu zur Oil Search. Anfangs zierten sie sich, das sei nicht so einfach wegen des Transports, fanden sie. Da haben wir einfach ihren Mitarbeitenden aus unse-rer Region, wenn sie aus dem Urlaub in die Firma zurückkehrten, einige dieser Blutproben in die Taschen gesteckt und gesagt: ‹Da, nimm diese bitte mit und liefere sie ab.› Nun klappt das gut. Das Unternehmen übernimmt für uns das volle Programm, inklusive Hepatitis B. Wir sind sehr glücklich darüber.»

Ab 2005 kamen Generika auf den Markt, die auch für arme Länder bezahlbar wurden. Trotzdem dauerte es in den staatlichen Gesundheitsinstitutionen noch bis 2008, bis sie mit eigentlichen Aidstherapien starteten. In der Epeanda-Klinik in Mendi und den ihr angeschlossenen Stationen sattelte man dagegen sofort auf die neuen Behandlungsmethoden um. Sr. Gaudentia erzählt: «Zuerst waren die Medikamente in der Anwendung kompliziert. Die Infizierten mussten dreimal täglich unterschiedliche Medikamente einnehmen. Nach einiger Zeit kam jedoch eine Kombination auf den Markt, welche die Einnahme einfacher machte. Umso wichtiger war es nun, möglichst früh zu erkennen, wer das Virus in sich trug, denn die Therapie war wirkungsvoller, je früher man damit begann. Viele kamen aber erst zu uns, wenn sie schwer krank waren, weil sie sich schämten oder fürchteten.»

Daher war es ein Segen, als 2006 ein Schnelltest verfügbar wurde. Er ist einfach anzuwenden und zeigt innerhalb von 15 Minuten ein erstes Resultat an. Ist dieses positiv, braucht es einen zweiten Test, der etwas länger dauert und dann das definitive Resultat ergibt. Die Therapie von HIV-positiven Menschen, wie sie Sr. Gaudentia in PNG einführte, beruht allerdings nicht nur auf der Verabreichung der Tabletten. Viele begleitende Gespräche, auch mit den Angehörigen, gehören dazu. Zudem wird zu Beginn nach wie vor Bactrim verabreicht, und erst, wenn das nicht mehr wirkt, wird auf die spezifischen Aidsmedikamente umgestellt, um Resistenzen zu vermeiden. Mittlerweile existieren, wie bei Antibiotika, Medikamente mit verschiedenen Zusammensetzungen.

Seit 2006 führt die Klinik zudem Buch über die Personen, die dort HIV-positiv getestet wurden. «Wir müssen genau wissen, auf welchem Stand eine Patientin, ein Patient ist», erklärt Sr. Gaudentia. «Möglicherweise sehen wir ihn einmal pro Monat, dann lassen wir uns zeigen, wie viele Tabletten er noch hat, damit wir wissen, ob er sie regelmässig einnimmt.»

Das hört sich bevormundend an. «Es geht nicht anders», sagt Sr. Gaudentia. Sie und ihr Team erleben immer wieder, dass HIV-Positive ihre Medikamente nicht regelmässig einnehmen, ganz vergessen oder willentlich absetzen. Die meisten sterben dann innerhalb kurzer Zeit. Sie erzählt von Infizierten, die glauben, vollständig gesund und nicht mehr ansteckend zu sein, wenn sie sich aufgrund der Behandlung wieder wohlfühlen. Oder von einigen in der Region sehr aktiven kleinen Freikirchen, welche HIV-Positiven raten, sie sollen allein auf den Glauben vertrauen und keine Tabletten mehr schlucken. Oder von einer Frau, welche die Therapie abbrach, da sie glaubte, ihre Krankheit komme von dem bösen Geist, der in den Medikamenten stecke. Auch sie verlor ihr Leben.

HIV-positive Mutter, gesundes Kind

Sr. Gaudentia besuchte 2004 eine Weiterbildung in Australien, bei der es spezifisch um den Umgang mit infizierten Müttern und deren Kindern ging. Das Thema beschäftigte die Hebamme schon lange, und es trieb sie um, weil auch die Fachleute nur sehr Vages darüber wussten. So begann sie schon früh mit eigenen Aufzeichnungen und zog Schlüsse daraus. Sie erinnert sich: «1997 besuchten wir mit unserer Anti-Aids-Kampagne von Det aus ein Dorf. Da kam eine Grossmutter mit ihren drei kleinen Enkelkindern zu uns, deren Eltern an Aids gestorben waren. Sie bat uns, die Kinder zu testen. Das erste Kind war positiv, das mittlere negativ, das jüngste wieder positiv. Da begann ich nachzufragen und erfuhr, dass die Mutter das erste Kind gestillt hatte, bis das zweite kam. Das zweite gab sie weg, weil sie zu erschöpft war, das jüngste stillte sie dann wieder. Deshalb nahmen wir an, dass sich das Virus auch mit der Muttermilch überträgt. Wir gingen der Sache weiter nach und fanden heraus, dass das Virus in der Muttermilch in der ersten Zeit noch nicht so präsent zu sein scheint und der Vorteil des Stillens grösser ist als die Gefahr einer Ansteckung. So rieten wir schliesslich HIV-positiven Frauen, ihre Kinder nur sechs Monate lang zu stillen und nachher auf Milchpulver oder andere Nahrung umzustellen. Milchpulver konnten wir ihnen anbieten. Wir mussten einfach ausprobieren! In der Folge sank die Rate der infizierten Babys deutlich.»
    Internationale Studien bestätigten später diese Annahme: Laut WHO sind ohne Behandlung 15 bis 45 Prozent der Kinder, die von einer HIV-positiven Frau geboren werden, ebenfalls positiv. In der Praxis spricht man von einem Drittel. Ansteckungsgefahr besteht bereits in der Gebärmutter, dann bei der Geburt selbst, etwa 10 Prozent der Babys infizieren sich aber erst beim Stillen, und zwar meist erst nach einigen Monaten, wenn nicht mehr so

viel Muttermilch vorhanden ist. Manche Experten raten heute HIV-positiven Frauen, grundsätzlich nicht zu stillen – ausser in Entwicklungsländern. Die WHO empfiehlt, Säuglinge sechs Monate lang zu stillen, da die Muttermilch die Überlebenschancen eines im Mutterleib oder während der Geburt infizierten Neugeborenen verbessert. Hinzu kommt, dass Milchpulver mit Wasser angerührt wird, das in Entwicklungsländern oft unsauber ist.

2005 startete Sr. Gaudentia an der Epeanda-Klinik das Programm «Prevention of Parent to Child Transmission», das auf die Übertragung des HIV-Virus von der Mutter auf das Kind fokussiert. Sie ergänzte zudem die Pflegerinnenausbildung mit dem Hinweis, dass bei HIV-positiven Frauen die Fruchtblase nicht frühzeitig zum Springen gebracht werden solle, um die Geburt auszulösen, wie das häufig praktiziert wurde. «Das Kind soll so lange wie möglich in der Fruchtblase sein, das ist das Sicherste. Wenn diese geplatzt ist, sollte die Geburt schnell gehen, damit das Baby mit möglichst wenig Blut und Sekreten der Mutter in Kontakt kommt. Deshalb rieten wir auch dazu, wenn immer möglich auf die Episiotomie, den Dammschnitt, zu verzichten.» Auch das stützen heutige Studien, die gar so weit gehen zu raten, man solle bei HIV-positiven Frauen einen Kaiserschnitt vornehmen, was in einem Land wie PNG allerdings nicht praktikabel ist.

Das Programm beruht vor allem darauf, dass die HIV-positive Frau während der Schwangerschaft eng begleitet wird. «Physisch, mental und spirituell», wie Sr. Gaudentia betont. Dabei geht es um die Gesundheit des Kindes, aber auch der Schwangeren, denn das Risiko, dass eine Frau aufgrund der Schwangerschaft oder Geburt stirbt, erhöht sich um das Sechs- bis Achtfache, wenn sie infiziert ist. Wird ihr allerdings rechtzeitig ein antiretrovirales Medikament verabreicht, stehen ihre Chancen gut, Schwangerschaft und Geburt gut zu überstehen und ein gesundes Kind auf die Welt zu bringen. «Es hat sich auch klar gezeigt, dass Schwangere, die behandelt werden, ihr Kind meist nicht anstecken. Es ist also sehr wichtig für uns zu wissen, falls eine Schwangere HIV-positiv ist», sagt Sr. Gaudentia. Ein wichtiger Bestandteil der Kampagne ist es folglich, schwangere Frauen dazu zu bewegen, sich testen zu lassen. Das sei mittlerweile gar nicht mehr so schwierig. «Sie sorgen sich ja um ihr Kind, und wir können ihnen zeigen, dass eine HIV-positive Mutter ein gesundes und nichtinfiziertes Baby zur Welt bringen kann. Das ist eine sehr wichtige, vielleicht die wichtigste Botschaft, die wir verkünden müssen, weil viele Frauen glauben, alles sei zu Ende, wenn sie positiv getestet werden. In unseren Zentren lassen sich nach dem Beratungsgespräch etwa neunzig Prozent der Mütter testen.»

Manche Frauen, die für die Geburt in die Epeanda-Klinik gehen, nehmen dafür weite Wege auf sich. Noch immer ist das staatliche Gesundheitssystem marode. Und die Zahlen, welche die Gesundheitszentren von Mendi und Umgebung mit ihren auf HIV-infizierte schwangere Frauen zugeschnittenen Therapien vorweisen können, sind erstaunlich.

Im Zeitraum zwischen 2005 und 2015 nahmen in der Epeanda-Klinik 133 HIV-positive schwangere Frauen am Programm teil. Sie brachten insgesamt 144 Babys zur Welt – eine Frau Zwillinge, eine Drillinge, sieben weitere bekamen in diesen zehn Jahren zwei, eine drei Kinder. Keine dieser Frauen ist gestorben, kein Baby war HIV-positiv. Ein Säugling hatte einen Wasserkopf und starb ein Jahr später, alle anderen blieben gesund. Eine Mutter starb einige Monate später, weil sie unter dem Einfluss einer Freikirche die Medikamente abgesetzt hatte. Dieses Resultat ist besser als das landesweite bei Müttern, die nicht mit dem HIV-Virus infiziert sind. Von den HIV-positiv getesteten Männern und Frauen, die behandelt werden, sterben noch etwa zehn Prozent an der Krankheit. Meist, weil sie die Tabletten absetzten.

Hinter diesen Zahlen stehen menschliche Schicksale, die erst richtig aufzeigen, welche Wirkung solche Projekte entfalten können. Hinter jeder Mutter, die nicht stirbt, stehen oft mehrere Kinder, die nicht Waisen werden. Es sind berührende Schicksale, die Sr. Gaudentia oder Philip Gibbs in dessen beiden Kurzfilmen über den Welt-Aids-Tag in Mendi und Aids in der Minenstadt Porgera erzählten. Auch solche, die einen hilflos zurücklassen oder gar wütend machen. Stellvertretend dafür sechs Geschichten: 2005 kam eine junge Frau zu Sr. Gaudentia in die Klinik, die drei Wochen zuvor bei einer Massenvergewaltigung mit HIV infiziert worden war. Und jetzt schwanger war. Damals waren die Aidsmedikamente erst in Ausnahmefällen erhältlich. Doch konnte man ihr in Mendi die Medikamente beschaffen. Die Frau gebar ein gesundes Baby, heiratete danach und bekam ein zweites Kind.

Ein 16-jähriges Mädchen wurde in die Klinik gebracht. Sie musste getragen werden, weil sie seit langer Zeit krank war und immer nur auf dem Boden sass, sodass sich ihre Muskulatur zurückgebildet hatte. Sie wurde getestet und war HIV-positiv. Mit Pflege und Behandlung lernte sie innerhalb zweier Monate wieder laufen, konnte sogar Basketball spielen und in ihr Dorf zurückkehren. Dort wurde sie von demselben Mann schwanger, der sie mit dem HIV-Virus angesteckt hatte. Sie kehrte zurück in die Klinik und gebar einen Sohn, der nicht infiziert war. Er starb allerdings ein Jahr später an den Folgen eines Wasserkopfs.

Eine Frau kam schwer krank in die Klinik. Sie hatte Hautausschläge und litt an Tuberkulose, der HIV-Test zeigte ein positives Resultat an. Dank der Therapie erholte sie sich jedoch gut, sie ging zurück in ihr Dorf und heiratete. Doch als sie schwanger wurde, schickte ihr Mann sie fort. In der Klinik gebar sie ein gesundes Kind, das ihr von der Schwägerin weggenommen wurde. Man schickte sie ohne ihr Kind zu ihrer Sippe zurück, weil sie HIV-positiv war.

Ein Aidsberater besuchte in einem Haus in Porgera eine Familie; er hatte erfahren, dass dort eine aidskranke Frau lebte. Im Kreis sass eine ausgemergelte junge Frau mit einer Wollkappe und lächelte schüchtern. Sie zeigte ihm ihre von Geschwüren übersäten Arme. Eine Frau, die neben ihr sass, erzählte, wie man die Frau habe ausstossen wollen, als die seltsame Krankheit ausgebrochen war. Auch sie habe nichts mit ihr zu tun haben wollen. Dann habe man sie über Aids aufgeklärt. Sie umarmte die Frau und sagte: «Wir haben kein Geld für gesundes Essen, und ich habe keine bezahlte Arbeit. Aber wenigstens kann ich jetzt meine gesamte Zeit dafür einsetzen, dass es ihr besser geht.»

Ein Mann kam schwer krank aus Port Moresby heim zur Familie und seiner Verlobten. Er wusste nichts von Aids, dachte einfach, dass er bald sterben würde. Seine Verlobte erzählt in einem Filmausschnitt, dass sie ihn kaum wiedererkannte, so elend habe er ausgesehen: abgemagert, die Haare fielen ihm aus. Sie aber hatte schon von Aids gehört und sagte zu ihm: «Komm, wir gehen zu Sr. Gaudentia.» Er wollte zuerst nicht, stimmte dann aber doch zu. Der Mann wurde positiv getestet und sofort behandelt. Die Frau bat ihn darauf, sie in der Kirche zu heiraten. Er aber meinte, er sei ihrer nicht würdig wegen seiner Krankheit und dass sie einen anderen heiraten solle. Sie sagte: «Es heisst: in guten und in schlechten Zeiten. Ich habe dich immer geliebt und liebe dich noch heute.»

Eine Frau hatte sich bei ihrem ersten Mann angesteckt, der an Aids gestorben war. Als sie sich mit einem anderen Mann zusammentat, besuchte sie die Epeanda-Klinik in Mendi, um zu erfahren, wie sie sich verhalten müsse, damit sie ihren Mann, der gesund war, nicht ansteckte. Sie wurde beraten und behandelt und gebar etwas später eine Tochter. Der Mann war immer noch HIV-negativ. Sie erzählt: «Als ich letzte Woche mit dem Test unserer Tochter heimkam, und damit klar war, dass sie nicht infiziert ist, war er überglücklich und sagte, wir sollten doch ein zweites Kind bekommen. Dieses Mal einen Buben.»

Als Sr. Gaudentia wegen gesundheitlicher Probleme 2018 relativ überstürzt aus Mendi abreisen musste, waren in der Epeanda-Klinik über 1000 an Aids erkrankte oder HIV-positive Menschen in Behandlung. Immer wieder kommen von weit her Ärztinnen und Ärzte, um mit eigenen Augen zu sehen, wie man in der weit abgelegenen Gegend mit dieser unheilbaren Krankheit umgeht. Mittlerweile schickt die australische Regierung Vertreter in das Hochland von Papua-Neuguinea, um von den Erkenntnissen zu lernen und von dem, was dort aufgebaut wurde, zu profitieren. Und Ärzte aus den Nachbarländern reisen an, um von der grossen Erfahrung Sr. Gaudentias und ihres Teams zu lernen. So veranstaltet die Australasian Society for HIV Medicine für ihre Mitglieder regelmässig Weiterbildungskurse in Mendi, da sie dort Wichtiges sehr praxisnah lernen können. Sr. Gaudentia erzählt: «Ein australischer Arzt sagte mir vor Kurzem, dass er bei uns in einem Tag so viele Aidspatienten sehe wie in Australien während eines ganzen Jahres.»

Auch interessieren sich Wissenschaftler für die lückenlosen Aufzeichnungen, welche hier seit 2006 gemacht werden. Über 800 Krankheitsfälle sind dokumentiert. Diese Zahlen studiert auch Sr. Gaudentia immer wieder. «Hier gibt es noch einiges zu entdecken», ist sie überzeugt. «Zum Beispiel, wie es kommt, dass Ehepaare sich über Jahre hinweg nicht angesteckt haben, selbst wenn sie gemeinsame Kinder haben. Darin möchte ich mich noch vertiefen.»

Sie ist, auch wenn sie mittlerweile in der Schweiz lebt, in Gedanken oft bei ihrer Arbeit im Aidsspital von Mendi. Sie bekommt nach wie vor regelmässig Anfragen von Institutionen, ihre Arbeit dort betreffend, oder sie wird zu Kongressen eingeladen, um darüber zu berichten. Und sie ist im engen Kontakt mit ihren Mitarbeiterinnen und Mitarbeitern. Doch weiss sie, dass ihr Werk in guten Händen ist: Ihre Nachfolgerin beim Catholic Health Service in Mendi ist Winnie William, eine ihrer langjährigen Mitarbeiterinnen, die in Australien einen Master in Pflegewissenschaften abgeschlossen hat.

Leben in der Provinzhauptstadt

Es gebe in Mendi nicht viel, weshalb es sich lohnen würde, dort länger herumzuhängen, schreibt der bei Rucksacktouristen beliebte Reiseführer «Lonely Planet» in seiner Ausgabe über PNG. Es handle sich lediglich um eine ziemlich kleine Stadt, die um einen Flughafen herum gebaut wurde. Sie liege in einem von Kalksteinhügeln umgebenen grünen Tal und sei für Touristen nur als Ausgangspunkt für Reisen zum Tari-Becken oder zum Kutubu-See interessant. Doch selbst der Verlag Lonely Planet, der zuweilen kritisiert wird, weil er Sicherheitswarnungen in den Wind schlägt, warnt: Es könne durchaus sein, dass man nur ein paar Drinks davon entfernt sei, gewalttätige Auseinandersetzungen ausbrechen zu sehen. «Wenn ein Krieg stattfindet, wie das bei unserer Reise 2015 der Fall war, ist dieser zwar theoretisch auf die beteiligten Sippen beschränkt, aber man tut gut daran, den Rat der Polizei einzuholen und schnell abzureisen.»

Auch «Wikitravel» warnt vor kriegerischen Unruhen und verbucht einen Besuch von Mendi in der Kategorie Abenteuertourismus. In den Rubriken «See», «Do», «Buy», «Eat» und «Drink» gibt es keine Einträge, unter «Sleep» ist die Kiburu Lodge verzeichnet, der wir noch begegnen werden. Immerhin gibt es in Mendi, so lässt sich weiter mit Google-Recherchen erfahren, eine ganz passable Rugby-Mannschaft, die Mendi Menjals. Auch waren drei Bed-and-Breakfast-Angebote aufzustöbern.

Für Sr. Gaudentia war der Umzug nach Mendi im Jahr 1998 jedoch ein Sprung in die Zivilisation und den Fortschritt: Sie hatte noch erlebt, wie Nachrichten mit behelfsmässigen Megafonen von Hügel zu Hügel übermittelt wurden, nun existierten Telefonverbindungen – sogar in die Schweiz. Es gab einen Laden, in dem man Reis und Fisch kaufen konnte, meistens wenigstens; der Zustand der Strassen war allerdings schlecht, Verkehr gab es wenig. Grosse Tanks sorgten für genügend Warmwasser, und die Schwestern hatten in ihrem neuen Schwesternhaus eine Badewanne. Sr. Gaudentia lacht, als sie sich daran erinnert: «Wir hatten uns sehnlichst eine Badewanne gewünscht, weil uns oft der Rücken schmerzte. Ein warmes Bad kann da ja Wunder wirken. Allerdings war es in der Gegend unmöglich, Badewannen aufzutreiben. Dann fanden wir einen Lieferanten in Mount Hagen. Als die Wanne geliefert wurde, hielten die Einheimischen sie für eine riesige Pfanne.» Bereits etwa zwei Jahre später gab es erstmals die Möglichkeit, Mails zu versenden, was den Kontakt mit dem Kloster, den Familien, aber auch den Wissensaustausch enorm erleichterte. Letzteres wurde für Sr. Gaudentia unverzichtbar, als sie sich daranmachte, in Mendi eine Aidsstation aufzubauen. Denn da betrat sie für diese Region, eigentlich für ganz Papua-Neuguinea, Neuland. Die Regierung wollte lange Zeit nicht wahrhaben, dass diese unheimliche Krankheit sich nun auch hier verbreitete, und als das nicht mehr zu übersehen war, war sie froh, den Umgang damit an die Schwester und deren Team delegieren zu können.

Sr. Gaudentia traf in Mendi auf Sr. Lukas Süess, die nunmehr mit ihr vor fast dreissig Jahren nach PNG gezogen war. Diese war nämlich bereits 1995 nach Mendi umgesiedelt. Sie hatte Det 1972 verlassen, wo sie eine Primarschule aufgebaut hatte,

Das Team um Sr. Gaudentia bildet Ehepaare zu Aidsberatern aus, damit sie das Wissen in ihre eigenen Dörfer tragen können. Dieser Mann nimmt mit seiner Frau an einem solchen Kurs teil.

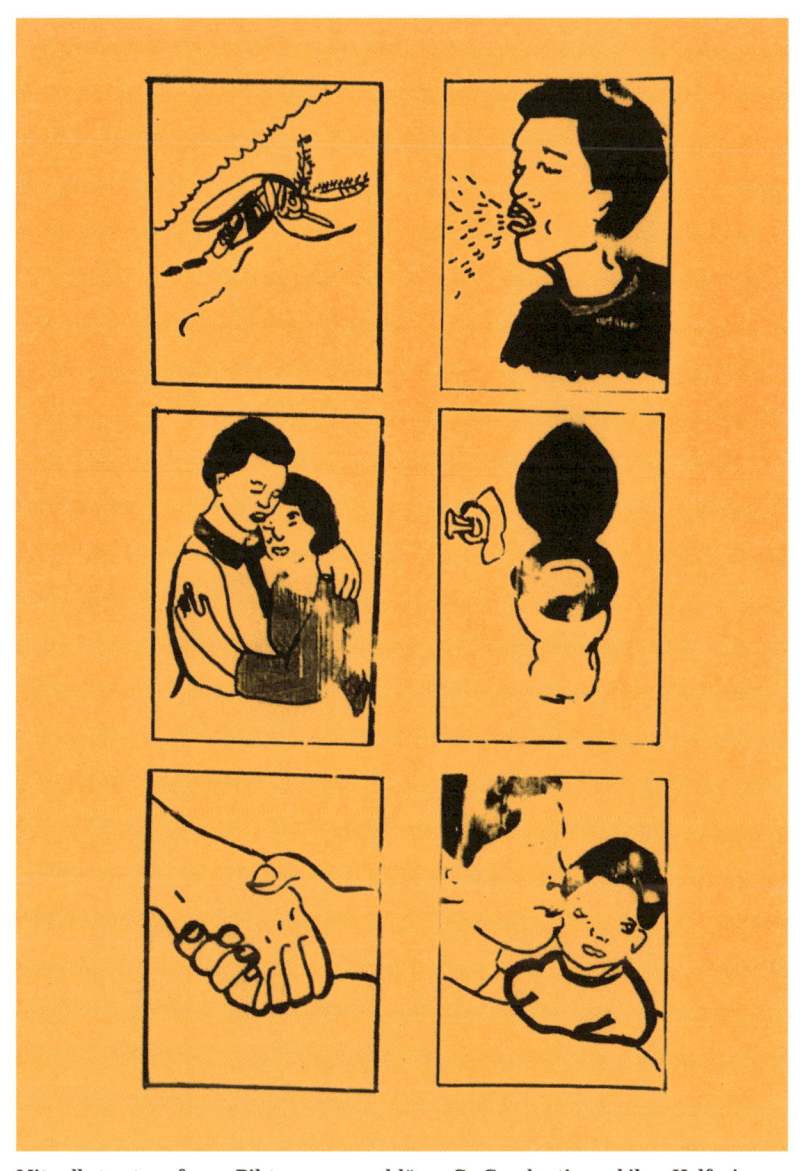

Mit selbst entworfenen Piktogrammen klären Sr. Gaudentia und ihre Helferinnen und Helfer die Einheimischen darüber auf, wie man sich vor einer HIV-Infektion schützen kann. Dieses Plakat zeigt auf, wie man sich nicht ansteckt.

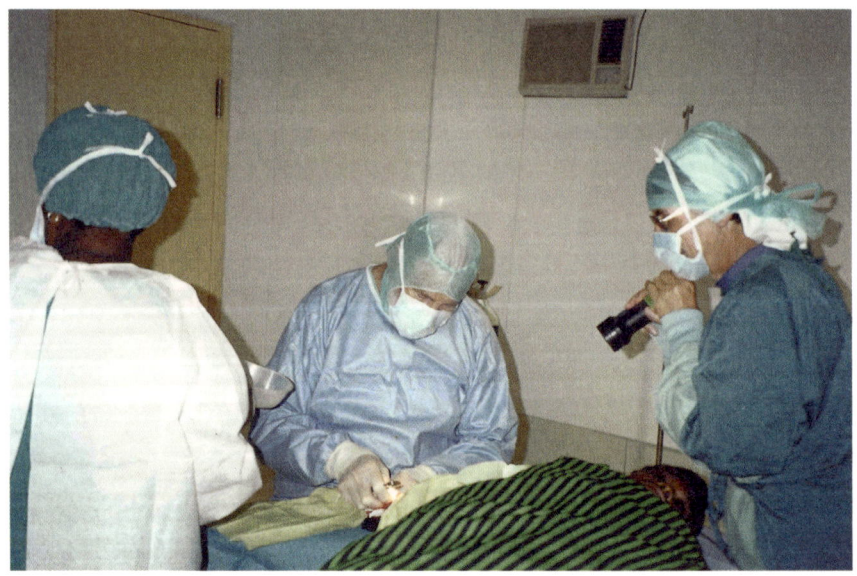

1998 überrollt ein Tsunami die Nordostküste von PNG bei der Stadt Aitape. Der Bischof von Mendi schickt Sr. Gaudentia (rechts im Bild) für 14 Tage hin, um auszuhelfen. Vier einheimische Pflegerinnen begleiten sie. Da der Strom immer wieder ausfällt, müssen Operationen zeitweise im Licht von Taschenlampen durchgeführt werden.

So grün ist Mendi, die Hauptstadt der Provinz Südliches Hochland. Sie ist auf 1675 Metern über Meer gelegen, und ihre Hauptachse bilden die Flugzeugpiste und der Mendi-Fluss. Im Osten liegt der Mount Giluwe, ein erodierter Schildvulkan. In Mendi wohnen laut offiziellen Angaben rund 20 000 Menschen.

Von links nach rechts: Sr. Lukas, Sr. Maria Paulus und Sr. Gaudentia auf dem Balkon des Schwesternhauses in Mendi, Weihnachten 2016.

Einweihungsfest einer neuen Krankenstation in der Nähe von Mendi, 2002. Die
Einheimischen schenken Sr. Gaudentia eine Muschel – ein Vertrauensbeweis.

Winnie William, eine langjährige Mitarbeiterin Sr. Gaudentias und ihre Nachfolgerin beim Catholic Health Service in Mendi, mit ihrem zweiten Sohn Pio im Dezember 2016. Sie schloss in Australien einen Master in Pflegewissenschaften ab. 2016 wurde Winnie William von der US-Botschaft in Port Moresby für den International Women of Courage Award nominiert.

Die Primarschule der Missionsstation in Mendi, 2016.

und kümmerte sich danach in verschiedenen Buschstationen und Gemeinden vor allem um die Pfarrei- und Frauenarbeit. Gegen Mitte der 1990er-Jahre wurde die Situation in vielen Gegenden bedrohlich, sodass der Bischof sie fragte, ob sie nicht nach Mendi kommen wolle, um dort ein Pastoralzentrum aufzubauen. Es ging darum, die Aus- und Weiterbildung kirchlicher Mitarbeiterinnen und Mitarbeiter zu organisieren und vor Ort anzubieten. Sr. Lukas sagte zu. Seit 1996 leitete sie in Mendi das Pastoralzentrum der Diözese. Zudem bearbeitete sie katechetische Lehrbücher und war in der Spitalseelsorge tätig.

Szenenwechsel: Sr. Gaudentia und ich sitzen in der Cafeteria des Bildungshauses Stella Matutina in Hertenstein. Es ist Anfang Dezember 2018, und ich will heute nach der Bereinigung der Kapitel über Aids mit Sr. Gaudentia über ihr Leben in Mendi sprechen. Es ist nicht ganz einfach, bei einem Thema zu bleiben, denn sie lebt in Gedanken immer noch derart stark dort, dass das Gestern und das Heute sich vermischen. «Sprechen wir jetzt von dem damaligen Mendi oder dem heutigen?», muss ich immer wieder nachhaken. Es liegt nicht daran, dass ihr die Jahre durcheinanderkommen, ganz und gar nicht. Sie kann viele Ereignisse zeitlich sehr genau einordnen. Nur geht sie beim Erzählen in den Erinnerungen auf, die sich bekanntlich wenig an die Chronologie halten, sondern eher assoziativ zusammenhängen. Die Gespräche verlaufen demzufolge oft wenig strukturiert, manchmal sprunghaft. So packt Sr. Gaudentia etwa selbst gebackene Kekse zum Kaffee aus, und schon sind wir wieder in Det, wo sie jeweils das Backen für die Schwesterngemeinschaft übernommen habe, denn eine gute Köchin sei sie nicht, eher eine Handlangerin. Sr. Lukas lebt derzeit auch im Baldegger Bildungszentrum in Hertenstein, was für beide schön ist. «So können wir miteinander über Papua-Neuguinea sprechen», sagt Sr. Gaudentia. Immer wieder setzt sich Sr. Lukas auch einige Zeit zu uns. So wie jetzt. Ich bat sie darum, denn ich wollte von ihr wissen, wie es denn damals genau war, als ihr mitten im Dschungel das Auto gestohlen wurde. Sr. Lukas erzählt, Sr. Gaudentia fragt nach, und bis zum Schluss habe ich noch nicht genau begriffen, wie sich das abspielte. Da gab es Patres, Einheimische aus verschiedenen Dörfern, einen umgestürzten Baum, irgendeiner fuchtelte mit dem Messer, und irgendwann war das Auto weg, und der Pater und sie standen alleine im Nirgendwo. Für mich klang das nach einem Actionfilm, dessen Handlung ich nicht folgen konnte. Die beiden sind aber in ihrem Element und offensichtlich wieder ganz und gar an einem Ort, der weit entfernt liegt.

Ob die beiden mir erzählen können, wie Mendi aussehe? Ich stelle mir eine lärmige Stadt mit schlechter Luft und Verkehrschaos vor, wie ich sie von den Philippinen oder Java kenne. Beide schütteln den Kopf. Am Anfang gab es nur zwei Autos, dasjenige der Mission und dasjenige des Regierungsvorstehers. Bis 1974 sei die Stadt, immerhin die Provinzhauptstadt des Südlichen Hochlands, eigentlich nur per Flugzeug oder zu Fuss erreichbar gewesen. Sie habe ein Luftbild in ihrem Zimmer, sagt Sr. Lukas, und eilt davon.

Ich recherchiere inzwischen im Internet und finde herzlich wenig: Der Wikipedia-Eintrag besteht aus fünf Sätzen. Mendi liegt 1675 Meter über Meer und ist von Hügeln und Bergen umschlossen. Im Osten ist dies der Mount Giluwe, ein erodierter Schildvulkan. Er ist der zweithöchste Berg des Landes und der höchste Vulkan von Australien und Ozeanien. Aufgrund der Höhe steigen die Temperaturen dort kaum je über 25 Grad Celsius, es kann auch empfindlich kalt werden, zuweilen gar frostig. In Mendi leben etwa 20 000 Menschen, wobei Sr. Gaudentia lachend den Kopf schüttelt, als ich ihr die Zahl vorlese. «Das kann man so nicht sagen, die Menschen lassen sich ja nicht registrieren, kommen mal, richten sich in kleinen Hütten ein, gehen wieder.» So oder so: Mendi ist eine Kleinstadt.

Sr. Lukas hat sich wieder zu uns gesellt. Sie breitet drei grosse, querformatige Fotos vor uns aus, die sich an den Rändern überschneiden. Ich sehe vor allem Grün. Mendi liegt lang gestreckt in einem ganz und gar grünen Tal, durch das ein kleiner Fluss fliesst, der Mendi-Fluss eben. Nur einzelne grössere Gebäude fallen auf: das öffentliche Spital, die Post, eine Bank. Wenige Strassen, kleine Häuser, die Achse der Stadt bildet die Flugpiste. Am einen Ende steht das öffentliche Spital, am anderen, etwas erhöht, liegt das Hauptquartier der Mission: ein Pastoralzentrum und die Katechetenschule, die Primarschule, die Epeanda-Klinik mit der Aidsstation und die Pflegerinnenschule. Und einige Wohnhäuser. Zum Quartier gehört auch die Kathedrale.

Doch setzen wir zur Landung vor Ort an: Dominik Meier, Sr. Gaudentias Neffe, besuchte Ende 2015 mit seinem Vater José und seiner Mutter Annamarie seine Tante in PNG und filmte einige Szenen. Auch aus dem kleinen Propellerflugzeug zeigt sich Mendi als überaus grüne Kleinstadt mit verstreuten, meist niedrigen weissen Häuschen mit Wellblechdächern. Ein mehrstöckiges Gebäude sticht heraus. Später wird Sr. Gaudentia erzählen, dass dies das Regierungsgebäude sei. Es habe sogar einen Lift, der allerdings nicht funktioniere. Sie erinnert sich, wie die drei landeten und zu Fuss vom Flugfeld zum Flughafenhaus – einer besseren Hütte – auf sie zukamen. Dort erwartete sie sie bereits, sie schlossen sich freudig in die Arme, und Sr. Gaudentia schleuste sie zügig durch eine unkomplizierte Passkontrolle. Draussen warteten drei andere Baldegger Schwestern auf die Gäste aus der Schweiz.

Die Hauptstrasse führt schnurgerade durch Mendi, sie ist zwar asphaltiert, aber in einem schlechten Zustand. Das Strassenbild ist geprägt von den vielen Menschen in farbigen Kleidern, mit farbigen Regenschirmen, die zu Fuss unterwegs sind. Lediglich beim Markt gibt es so etwas wie ein Verkehrschaos, da drängeln kleine Lastwagen, ein offener Passagierbus, ein Jeep und der Sechsplätzer der Schwestern samt Ladefläche aneinander vorbei. Die Stimmung ist friedlich. Kein Hupen, kein Schimpfen, kein aggressives Motorengeheul. Viele Menschen tragen farbig gestrickte Kappen und das traditionelle Bilum, diese praktische, ebenfalls gestrickte Umhängetasche, in der Ananas genauso transportiert werden wie Säuglinge. Ein wesentlicher Unterschied zu unserem Strassenbild ist das Alter der Menschen: Man sieht nur wenige alte Frauen und Männer.

Die Wohnhäuser sind aus Holz, manche Nebengebäude noch aus Bast, die Dächer aus Wellblech, oft mit Steinen beschwert, damit der Wind sie nicht wegträgt. Sie haben kein Fundament, auch keine Untergeschosse oder Keller. Sie stehen meist nicht direkt auf der Erde, sondern auf kleinen Stelzen, damit sie bei Regen nicht geflutet werden. Denn es regnet oft und heftig. In der Regel wohnt eine einzige Familie, zu der allerdings oft sieben, acht Personen gehören, in einem solchen flachen, kleinen Haus. Rundum ist ein Garten, in dem Gemüse gezogen wird und einige nicht sehr hohe Palmen stehen. Zuweilen gehört ein kleiner Schweinestall dazu. Und Kaninchen. Sr. Gaudentia besucht mit ihren Verwandten eine Nachbarin des Schwesternhauses, begrüsst zuerst freundlich die Eltern und die Kinder. Dann tätschelt sie das Schwein, öffnet einen Holzverschlag und holt mit geschicktem Griff ein grosses, schmutziges Kaninchen heraus. Diese Tierhaltung entspricht definitiv nicht dem, was wir als tierfreundlich bezeichnen würden. Sr. Gaudentia sagt nicht tadelnd, aber mitleidig zu dem grossen Hasen, während sie ihn streichelt und krault: «Oh, you dirty man.»

Auch rund um das Schwesternhaus wachsen Gemüse und Früchte. Sr. Lukas versuchte immer wieder Pflanzen aus der Heimat zu ziehen, im Film ist es gerade Rhabarber. Nicht immer mit Erfolg. Das Haus, in dem die Schwestern zusammen wohnen, ist bescheiden, wirkt aber behaglich. Gekocht wird nicht mehr wie in Det über dem offenen Feuer, sondern auf einem Gasofen. Sr. Lukas serviert den Gästen eine Suppe. Nach dem Rezept gefragt, sagt sie, es sei so etwas wie eine Einlaufsuppe, nur wisse sie nicht mehr so recht, wie diese in der Schweiz gekocht werde. Die Räume sind hell, der Boden mit sauber gearbeiteten Holzbrettern ausgelegt.

Die Mission bildet ein eigenes kleines Quartier in Mendi, mit kleinen Häusern für die Angestellten, dem Pastoralzentrum und ein paar Gästehäusern für die Teilnehmerinnen und Teilnehmer der Aus- und Weiterbildungskurse. Umgerechnet fünf Franken kostet ein solcher Kurs inklusive Kost und Logis. Zum Missionsquartier gehört auch ein Laden, in dem Unterrichtsmaterial für alle Stufen, Bibeln und weitere religiöse Schriften angeboten werden. Einen Teil davon haben Sr. Lukas und ihr Team selbst verfasst und eigenhändig kopiert. Zum Pastoralzentrum gehört auch ein Raum, in dem Messe gehalten wird. Im Film knipst Sr. Lukas einen Schalter an, und es beginnen hellgrüne und hellblaue Lichter zu blinken. Sie lacht fröhlich: «Das ist typisch indisch! Das stellt hier das ewige Lichtlein dar.» Welcher Unterschied: Hierzulande ist das ewige Licht, das die Anwesenheit Gottes verkünden soll, in katholischen Kirchen meist unscheinbar und klein.

Zur Missionsstation gehören weiter die Schwesternschule und das Aidsspital mit einem Ambulatorium, wo unter anderem die HIV-Medikamente abgegeben werden. Bereits sind die Räumlichkeiten hier wieder zu klein. «Wir platzen aus allen Nähten», sagt Sr. Gaudentia.

Die Infrastruktur in diesem Quartier wirkt gepflegt. Die Zufahrts- und die meisten Fusswege sind asphaltiert. Wie sieht es mit Elektrizität und Heisswasser aus? Anfangs betrieb die Mission, wie in Det, ein eigenes Kraftwerk, um das sich ein Pater kümmerte. Als dieser wegging, verlotterte es, weil sich niemand seiner annahm. Doch hat die Regierung mittlerweile, etwas unterhalb der Stadt bei einem grossen Wasserfall, ein Wasserkraftwerk errichtet, an das sich die Mission anschliessen konnte. Stromausfälle seien recht häufig, doch haben heute die meisten grösseren Gebäude Solarpanels, mit denen Strom und Warmwasser erzeugt werden.

Nun ist Sr. Gaudentia mit ihren Verwandten im Auto auf Einkaufstour zu sehen. Entlang der Strasse hat es einige Ladenlokale, bei fast allen sind die Rollläden heruntergelassen. Sie weist da- und dorthin. Da sei ein Supermarkt gewesen, der sei jetzt geschlossen. Dort war früher ein Geschäft, jetzt ist es zu. An einigen Mauern steht in grossen Buchstaben «Aids». Die Aufklärungskampagne zeigt Wirkung. Dann halten sie bei einem grösseren Supermarkt an, in dem viel Betrieb ist. Und viel Tand. Denn es ist bald Weihnachten. Sr. Gaudentia stöbert in den Auslagen, hält ein Einmachglas hoch, stellt es zurück. «Man muss immer gut schauen», sagt sie. «Manchmal findet man wirklich ganz praktische Dinge.» Viele Einheimische sind noch immer nahezu Selbstversorger. Und was fehlt, kaufen sie häufig auf dem Markt. Dorthin führt Sr. Gaudentia jetzt die Besucher und zirkelt ihren Toyota Land Cruiser durch die Lieferwagen und Kleinbusse. Sie hält sich kurz damit auf, wie schmutzig hier die Strasse sei, entlang der sich kleine Marktstände reihen. Manche haben Tische für ihre Ware, meist aber sind die Pullover und Schuhe, die bunten Röcke und Mützen, Früchte und Gemüse auf weissen oder blauen Plastikblachen auf dem Boden ausgebreitet.

Sr. Gaudentia schlendert gut gelaunt hinter einer einheimischen Angestellten der Mission her. Immer wieder wird sie begrüsst, es eilen Leute zu ihr, man zeigt ihr ein Kleinkind. Als sie an einem Stand eine Ananas kaufen will, schüttelt ihre Begleiterin den Kopf. Die sei zu teuer, da bekomme man bessere Ware für weniger Geld. Als diese endlich mit einer Frucht zufrieden ist, kramt Sr. Gaudentia Münzen aus ihrem Portemonnaie und bezahlt. Effizient sei das Einkaufen so nicht, sagt sie ein anderes Mal. Aber sie bekomme so viel davon mit, was die Leute im Moment gerade beschäftige. Auch treffe sie immer wieder ehemalige Patienten oder alte Bekannte und erfahre, wie es ihnen gehe.

Hat sie denn auch Freundinnen oder Freunde, mit denen sie sprechen kann, wenn sie Sorgen hat? «Ja, das habe ich, vor allem Menschen, mit denen ich zusammenarbeite, also Menschen von hier.» Sie meint Einheimische. Und dann seien da natürlich noch die Mitschwestern; mit manchen lebt sie seit Jahrzehnten zusammen. «Mit Sr. Lukas bin ich damals ausgezogen, wir haben nunmehr fünfzig Jahre zusammen verbracht.» Eng verbunden ist sie auch Stephen Reichert, dem Kapuzinerpriester, der im selben Jahr wie sie Profess abgelegt hat. Papst Johannes Paul II. hatte ihn 1995 zum Bischof von Mendi ernannt, und er unterstützte die Baldegger Schwestern in ihrer Tätigkeit stets mit Rat und Tat. Und auch mit gelegentlichem Wegschauen, wenn Sr. Gaudentia nicht ganz konventionell vorging – heisst, gewisse von Rom diktierte Regeln, etwa was die Empfängnisverhütung anbelangt, grosszügig auslegte. Sr. Gaudentia erzählt: «Steve ist ein Bischof, der sehr nahe bei den Leuten ist. Der heutige Bischof, Donald Lippert, trägt beispielsweise immer die violette Kappe. Das tat Bischof Steve nie. Einmal besuchte er mich im Urlaub, und wir gingen zu meiner Mutter. Danach wollte diese gar nicht glauben, dass es sich um einen richtigen Bischof handle. Er habe ja einen gewöhnlichen Pullover getragen.» Bischof Stephen Reichert war stets sehr interessiert an den medizinischen Erkenntnissen von Sr. Gaudentia und unterstützte sie stark beim Ausbau der Aidsstationen. Ende November 2010 ernannte Papst Benedikt XVI. ihn zum Erzbischof von Madang an der Nordküste von Papua-Neuguinea.

Ich habe Sr. Gaudentia nach Freundinnen und Freunden gefragt, und flugs ist sie wieder bei der Arbeit. Haben die Schwestern denn keine Freizeit? «Das trennten wir eigentlich nicht.» Tranken sie abends einmal ein Gläschen Wein miteinander? Man sass gemütlich zusammen, das schon, aber Alkohol bekomme man auf legalem Weg nicht. «Den Einheimischen tut er nicht gut, sie sind schnell betrunken. Allerdings hat das Alkoholverbot der Regierung die Situation verschlimmert statt verbessert. Viele Einheimischen brennen seither ihren Schnaps selbst, sehr starken Schnaps. Und der Schwarzmarkt floriert.» Gibt es denn ein Kino in Mendi? Gibt es nicht. «Wir waren abends meist ohnehin zu müde, um einen Film anzuschauen. Manchmal gibt es improvisierte Vorführungen. Ich erinnere mich an den ersten Film, der aufgeführt wurde. Der Projektor wurde mit einem Generator betrieben, die Bilder wurden an eine Hausmauer projiziert. Wir hatten entweder Ton oder Bild, nie beides zusammen. Trotzdem war der ganze Ort versammelt.» Seit einiger Zeit haben die Schwestern aber einen Fernseher. «Wir schauten meist australische Nachrichten. Europa ist halt schon sehr weit weg. Allerdings hatten wir jahrelang auch die Fernausgabe des *Tages-Anzeigers* abonniert. Und sie kam sogar oft an.»

Und ein Restaurant? Aber ja, allerdings sei dieses mittlerweile recht heruntergekommen. Das «Kiburu». Als die Australier noch im Land waren, sei es recht gepflegt gewesen und gut gelaufen. Doch eben, Touristen kämen selten nach Mendi, und wenn, seien sie meist nur auf der Durchreise. Sr. Gaudentia erzählt, wie vor einigen Jahren ein Ärzteehepaar aus der Schweiz bei ihnen zu Besuch war: «Er sagte, sie wollten mit uns ausgehen und würden uns zu einem Nachtessen irgendwohin einladen. ‹Wo könnten wir hin?› Ich sagte, es gebe da eine Lodge, eben diese Kiburu Lodge, früher habe man dort etwas essen können, aber wie es heute sei, wisse ich nicht. So gingen wir hin. Wir fragten den Kellner nach der Menükarte. Er sagte: ‹Wir haben ein Poulet und zwei Steaks.› Also bestellten wir das, und der Arzt fragte nach einer Flasche Wein. Das gab es nicht. Und ein Bier, fragte er weiter. Gab es auch nicht. Die Steaks waren dann so zäh, dass wir sie nicht essen konnten. Wir nahmen das Fleisch mit nach Hause und schmorten es. Das Poulet haben wir geteilt. Wir überassen uns nicht. Aber es war sehr lustig.» Ihr Lieblingsessen ist aber, wie bereits erwähnt, Spaghetti mit Tomatensauce. Und die bekommt man seit einiger Zeit sogar in PNG. Allerdings nur in grösseren Städten wie Mount Hagen an der Küste. «Wenn jemand von uns dort war, kauften wir jeweils Spaghetti auf Vorrat.»

Seit sie in Mendi lebte, begann der Tag in der Regel um 6.45 Uhr mit einem Gottesdienst. In der Bistumsstadt gibt es verschiedene katholische Gemeinschaften. «Wir gingen meist zu den Kapuzinern. Danach gab es ein Frühstück, und um acht Uhr begann die Arbeit.» Sr. Gaudentias Alltag bestand vorab aus Krankenbesuchen und vielen Gesprächen mit Mitarbeitenden, nicht nur aus Mendi, sondern auch von den Aussenstationen. Lange Zeit unterrichtete sie selbst noch an der Pflegerinnenschule, dazu reichte die Zeit jetzt nicht mehr. Sie war Leiterin des ganzen von der katholischen Mission aufgebauten Netzes von Krankenstationen und Pflegeschulen im Südlichen Hochland und damit auch wichtige Ansprechpartnerin für die Regierung und den Bischof. In dieser Funktion war sie viel im Buschland unterwegs, was nach wie vor oft beschwerliche Reisen bedingte. Sie erzählt, wie sie zu einem Notfall in Nipa, im Kutubu-Distrikt, gerufen wurde. Ein Pater begleitete sie. Da es eilte, nahmen sie den direkten Weg, der allerdings über eine abenteuerliche Brücke führte. «Der Pater sagte zu mir: ‹Geh du mal zu Fuss rüber, dann bist wenigstens du auf der anderen Seite.› Als ich am anderen Ufer war, tuckerte er ganz langsam mit dem Auto über die Brücke. Auf dem Rückweg nahm er dann einen riesigen Umweg in Kauf, um sicher nach Mendi zu kommen.»

Am Sonntag begleiteten die Schwestern jeweils einen Priester, der irgendwo in einer Buschsiedlung Messe hielt. «Das war für mich so etwas wie eine Belohnung. So hatten wir am Sonntag auch etwas Besonderes.» Dabei ging es oft sehr improvisiert zu und her. «Der Kelch, das Messgewand und die nötigen liturgischen Gegenstände wurden in einen Rucksack gepackt, und wir gingen los. Meist zuerst eine Strecke mit dem Auto, dann oft weiter zu Fuss. Diese Gottesdienste unterschieden sich sehr von denjenigen bei uns. Sie sind laut und farbig, die Einheimischen lieben es, Theater aufzuführen. Oft beginnt die Messe mit einer Prozession, und so endet sie dann auch. Die kleinen Buben trommeln auf

Blechbüchsen, es gibt rhythmische Tänze und Lieder, auf Pidgin übersetzt. Die Einheimischen sitzen auf dem Boden, doch wenn sie merkten, dass mir oder einer meiner Mitschwestern das nicht mehr so leichtfiel, schleppten sie Stühle herbei. Manchmal brachten sie Schweine oder Säcke mit Reis oder Früchte als Gaben.» An speziellen Feiertagen oder wenn eine neue Kirche eingeweiht wurde, wurden rundum Singsing-Feste veranstaltet, zu denen die Stämme aus der ganzen Region in ihren traditionellen Gewändern, mit Federn auf dem Kopf und bemalten Gesichtern, herbeiströmten. Oft gab es dann anschliessend ein Mumu, einen ‹Pigkill›.» Ihr gefalle das Spontane und Fröhliche dieser Messen. Diese Besuche seien aber auch eine gute Gelegenheit gewesen, um sich zu informieren, wie es den Menschen dort gehe. «So konnte ich sie beraten, ihnen sagen: ‹Komm am Montag bei uns vorbei, ich kann dir etwas geben, das dir die Schmerzen nimmt. Oder ich werde versuchen herauszufinden, weshalb es dir nicht gut geht.› Tuchfühlung ist wichtig. Gerade im Zusammenhang mit Aids.»

Ihr Hauptinteresse galt ganz klar der Aidsbekämpfung, der Aidsprävention im Südlichen Hochland. Sie wollte in der Aidsforschung immer auf dem neusten Stand sein. Wie beschaffte sie sich die Informationen? «Ich kam einfach an vieles heran, weil die Menschen mich hier kannten. Sie kamen zu mir und erzählten, wie es ihnen ging. Sie hatten keine Hemmungen, mir etwas zu erzählen. Mich interessierte sehr, wie sich die Krankheit bei uns manifestierte. Ich versuchte, genau hinzuschauen und nachzufragen. Dann las ich in Fachbüchern und Artikeln nach. Oder ich kontaktierte direkt Leute, die sich in dem entsprechenden Fachgebiet auskannten. Das ist heute sehr viel leichter mit dem Internet. Auch wenn dieses bei uns manchmal ziemlich langsam war.» Es oblag auch Sr. Gaudentia, Sponsoren und Entwicklungsgelder aufzutreiben, wenn das Beschaffen neuer Medikamente, Instrumente oder Apparate nötig war. Dabei hatte sie keine Berührungsängste. So sprach sie bei verschiedenen internationalen Unternehmungen in der Region vor und konnte sie als Sponsoren gewinnen.

Der bauliche Mittelpunkt der Missionsgemeinschaft ist die Kathedrale. Sie wurde in Anlehnung an die traditionellen Kulthäuser aus dem Sepik-Gebiet, das an der Nordküste von Papua-Neuguinea liegt, gebaut. Es ist ein Zentralbau mit Holzgerüst; die von grossen Fenstern durchbrochene Innenwand ist mit geflochtenen Bastmatten ausgekleidet. Das Dach läuft auf Holzträgern flach zu einer Kuppel hin, durch die Tageslicht fällt. Sie ist der Mutter des göttlichen Hirten gewidmet. Die Inneneinrichtung ist relativ schlicht: Festbänke, ein grosses Kreuz hinter dem Altar, Neonröhren, einige grosse Kina-Muscheln, ein gesticktes Bild von Leonardo da Vincis «Abendmahl». Die Farbe bringen hier die Gläubigen, die mit Trommeln und Gesängen einziehen. José Meier erinnert sich, wie bei ihrem Besuch die Kathedrale für Weihnachten herausgeputzt wurde. «Das ganze Dorf half mit, kleine Buben trugen Wasser in Kesseln herbei, die Grösseren stiegen auf Leitern und putzten die Wände. Im Gottesdienst selbst haben sicher zwanzig Buben auf Blechbüchsen getrommelt, und es wurde getanzt und gesungen. Dann haben sie ein ganzes Schwein hereingetragen. Einige hatten sich als Santa Claus verkleidet, mit roten Zipfelmützen und dicken, mit Kissen ausgestopften Bäuchen.»

Als am 4. Februar 2012 der jetzige Bischof von Mendi, Donald Lippert, geweiht wurde, war das ein riesiges Volksfest, mit Singsing-Gruppen aus der ganzen Region. Tausende strömten herbei, tanzten und sangen. Der Kontrast zum Bild der früher feierlich einziehenden Diakone und Priester, meist komplett in Weiss gekleidet, könnte kaum grösser sein.

So besehen und unter dem Strich müssen wir dem «Lonely Planet» widersprechen: Es lohnt sich durchaus, in Mendi etwas herumzuhängen.

Hexenwahn

Es war am 1. August 2012, einem Mittwoch um die Mittagszeit. Sr. Gaudentia versorgte in der Epeanda-Klinik in Mendi ihre Patientinnen und Patienten, als eine Schar Kinder freudig erregt vorbeirannte und rief: «Sie wollen Sanguma Meri verbrennen! Kukim Sanguma Meri!» Sr. Gaudentia musste nicht lange überlegen, was das bedeutete. Und sie ahnte auch schon, wer das Opfer war. Sie hiess Christina, war wohl Ende vierzig, hatte einen kleinen Sohn, und der Mann hatte sie verlassen. Oder sie hatte ihn verlassen. Sr. Gaudentia erzählt: «Christina war eine sehr eigenständige Frau. Sie hatte an verschiedenen Orten Gärten und liess sich nicht alles gefallen. Sie lebte deshalb wieder in der Sippe ihres Vaters und zusammen mit ihrer Mutter, aber eher am Rande der dortigen Gemeinschaft, weil sie eben etwas aufmüpfig war.» Das sei typisch. «Sie traktieren meist Menschen, die nicht von ihren Sippen geschützt werden.» Christina hatte sich unbeliebt gemacht. Sie hatte von einem Verwandten, der in Port Moresby gelebt hatte und gestorben war, etwas Geld geerbt. Doch sie hatte das Geld nicht mit den anderen geteilt. Das widerspricht dem ungeschriebenen Gesetz des Wantok-Systems.

Den Aberglauben, dass Menschen von bösen Geistern – vom Teufel – beherrscht seien, gibt es seit Menschengedenken und in nahezu allen Kulturen. Und auch die Verfolgung dieser Menschen, die in unserem Sprachraum als «Hexen» beziehungsweise «Hexer» bezeichnet werden, findet sich in allen Gesellschaften. Die Schweizerin Anna Göldin war eine der letzten Frauen, die in Europa offiziell der Hexerei verdächtigt und deshalb hingerichtet wurden. Das war 1782 im protestantischen Glarus und Jahrzehnte nach der sogenannten Aufklärung. Es zeigt, wie tief verwurzelt solche Archetypen sind.

Die nun folgenden, teilweise kaum erträglichen Szenen habe ich aus verschiedenen Erzählungen von Sr. Gaudentia zusammengetragen. Das Ereignis wurde später durch die Reportage der australischen Journalistin Jo Chandler, die in diversen Magazinen erschienen ist, international publik.

Man gab Christina die Schuld am Tod zweier junger Männer. Sie habe diese verhext. Zwei Tage zuvor wurde sie bereits gepeinigt, indem man sie nackt und mit verbundenen Augen auf ein Stück rostiges Wellblech gesetzt, mit Buschmessern auf sie eingestochen und immer wieder aufgefordert hatte, den Namen der wahren «Hexe» zu sagen: «Kolim nem, kolim nem», sag den Namen. Die Polizei war zwar vor Ort, sah aber tatenlos zu. In ihrer Verzweiflung nannte die Frau offenbar einen Namen, und aus irgendeinem Grund liessen die Männer etwas später von ihr ab. Als Sr. Gaudentia tags darauf von diesem Ereignis hörte, ging sie sofort vor Ort, wo sie erfuhr, dass man Christina zu ihrer eigenen Sicherheit in eine Arrestzelle auf der Polizeistation gebracht hatte. Sie fand die Zelle verschlossen und konnte nicht zu Christina, da der Schlüssel offenbar unauffindbar war. «Ich dachte, wenigstens ist sie in Sicherheit.» Später erfuhr Sr. Gaudentia, dass die Polizisten Christina freigelassen hatten, nachdem ihre Verfolger versprochen hatten, sie in Ruhe zu lassen.

Das Versprechen hatten sie offensichtlich nicht gehalten, wie Sr. Gaudentia an eben diesem 1. August von den Kindern erfahren musste. Rasch rief sie einige ihrer Mitarbeiterinnen zusammen, stieg mit ihnen ins Auto und fuhr los. Auch wenn sie sich versuchte vorzustellen, was sie erwarten würde – der Anblick war erschütternd. Auf einem mit Wellblech abgedeckten Holztisch stand Christina, mit erhobenen Armen an zwei Bäume gefesselt, nackt und mit verbundenen Augen. Vor ihr brannten Pneus, und eine Horde junger, offensichtlich betrunkener und bekiffter Männer traktierte sie mit glühenden Eisenstäben.

Ein Augenzeuge machte Handybilder, die später in einigen Zeitungen erschienen. Was die Szene auf diesen Fotos nahezu unwirklich erscheinen lässt, sind die Zuschauerinnen und Zuschauer. Es sind Hunderte, darunter auch Kinder, die unter bunten Regenschirmen dastehen und mit unbewegten Mienen zuschauen. Nicht schreckensstarr, sie wirken teilnahmslos. Manche sitzen auf dem Boden, manche haben die Arme vor der Brust verschränkt.

Hexerei war 2012 in Papua-Neuguinea noch ein Straftatbestand. Das heisst, in diesem Staat, dessen repräsentatives Oberhaupt Queen Elisabeth II. von England ist, konnte jemand offiziell der Hexerei oder der Zauberei angeklagt werden. Und wer schlau oder skrupellos genug war, konnte sich, wenn er selbst eine Straftat begangen hatte, damit herausreden, er sei eben verhext worden. Dieser Paragraf wurde nach der Unabhängigkeit ins Gesetz geschrieben und hatte eigentlich zum Zweck, dass Menschen, die der Hexerei angeklagt wurden, vor ein staatliches Gericht gestellt werden sollten. Man wollte damit der Selbstjustiz der Clans entgegenwirken, die meist um vieles brutaler ist als die offizielle Rechtsprechung. Doch wurde damit eben von Staates wegen anerkannt, was in der Kultur von PNG tief verwurzelt ist: Es gibt böse Magie.

Die bösen Kräfte haben viele verschiedene Namen; im Südlichen Hochland heisst der böse Geist Sanguma. Und der Glaube an seinen Einfluss auf das Schicksal der Menschen ist selbst in einem Staat, in dem sich neunzig Prozent der Einwohnerinnen und Einwohner als Christen bezeichnen, fast ungebrochen. Sr. Gaudentia sagt: «Es war kein neues Phänomen für uns Schwestern, dass der traditionelle Glaube an Magie, Zauberei und den bösen Geist Sanguma das Leben der Einheimischen stark prägt. Dieser Glaube an Ahnen und Geister durchdringt seit Jahrhunderten ihren Alltag und kann nicht innerhalb eines Menschenlebens abgelegt werden. Da sind all die Geschichten, welche die Grosseltern den Kindern erzählen, all die Mythen, welche die Sippen zusammenhalten. Auch bei jenen, die sich taufen lassen, ist diese Denkweise oft noch stark vorhanden. So etwas legt man nicht von heute auf morgen ab. Doch das Ausmass, das dies in den letzten Jahren angenommen hatte, hat uns erschreckt.»

Der Anthropologe Philip Gibbs suchte 2008 die beiden grössten nationalen Zeitungen nach entsprechenden Meldungen ab und fand 112 Nachrichten, die über Zauberei, Hexerei oder die Besessenheit durch den bösen Geist Sanguma berichteten. Nicht alle Nachrichten waren so dramatisch wie diejenige aus Mendi von August 2012, aber er und auch andere Beobachter, so etwa der in Goroka ansässige evangelische Pfarrer Jack Urame, stellten in den letzten Jahren fest, dass der Glaube an Zauberei und Hexerei im Land eher zu- als abnimmt. Und dass die Verfolgungen grausamer werden.

Sr. Gaudentia erzählt: «Vor Jahren lebte eine Frau bei uns in Det, vor ihr sind alle weggerannt, wenn sie sie sahen. Die Leute sagten, sie sei eine Sanguma Meri, also eben eine Hexe, vom bösen Geist besessen. Sie schlugen oder folterten sie aber nicht. Man wollte einfach nichts mit ihr zu tun haben.» Man habe aber auch von Menschen gehört, meist Aussenseitern, die ausgestossen wurden und verschwanden. «Manche gingen wohl einfach weg, Frauen kehrten zum Beispiel zurück zur Sippe ihres Vaters, wenn sie in der Sippe ihres Mannes bedroht wurden. Falls sie getötet wurden, geschah das heimlich. Solch grausame Spektakel gab es früher nicht. Auch diese sexualisierte Gewalt ist neu.»

Philip Gibbs stützt diese Aussage. Er untersuchte neun Vorfälle aus der vorkolonialen und kolonialen Zeit im Raum Chimbu, der kleinsten Hochlandprovinz, und kommt zum Schluss: Wenn damals jemand wegen Hexerei, Zauberei oder Sanguma getötet wurde, geschah dies schnell, ohne Folter, im Geheimen, oft in der Nacht und durch Personen mit hohem Status im Clan. «Früher hat man die Leute in Schluchten oder Höhlen gestürzt, oder sie mussten Gift trinken.»

Schlimm genug, aber kein Vergleich also zu dem, was nun Christina und anderen der Hexerei beschuldigten Männern und Frauen von meist unter Drogen- und Alkoholeinfluss stehenden jungen Männern angetan wurde.

Was ging Sr. Gaudentia durch den Kopf, als sie diese bestürzende Szenerie vor Augen hatte? «Ich war perplex, als ich das sah. Ich habe ja die meisten gekannt. Das Opfer, die Zuschauer und die Täter! Es waren sicher zwei Dutzend junge Männer, die sich gegenseitig anfeuerten. Und wohl 600 Menschen standen da, schauten zu und taten nichts. Ich wusste einfach: Das darf nicht sein. Das darf nicht sein.» Sr. Gaudentia versuchte, sich nach vorn zu kämpfen, doch es war kein Durchkommen. Auch hielten ihre Mitarbeiterinnen sie zurück, aus Angst, der Mob würde sich gegen sie wenden. Und sie? Hatte sie keine Angst? «Es war mir schon klar, dass es gruppendynamisch heikel ist, sich in so etwas einzumischen. Aber nein, Angst hatte ich keine. Ich wusste einfach, dass ich die Frau befreien musste.» Doch musste sie einsehen, dass es aussichtslos war, durch die Menge zu kommen. So rannte sie zum Auto zurück und fuhr so schnell sie konnte zur Polizeistation.

Der Polizeikommandant sagte nur: «Wir können nichts ausrichten, die Peiniger haben versprochen, dass sie ihr nichts antun.» Sie fuhr zurück. «Nun gelang es mir, mich nach vorn zu kämpfen. Sie hatten den Platz um die Frau und ihre Peiniger mit einem Seil abgesperrt, die Zuschauer standen dicht gedrängt ausserhalb dieses Kreises. Als ich versuchte, unter dem Seil durchzukommen, zogen mich einige zurück und sagten, ich solle weggehen, das sei gefährlich. Ich machte mich los und ging auf die Frau zu. Da kamen einige der Burschen mit glühenden Eisenstangen auf mich zu und drohten mir. Ich kannte sie und wusste, dass sie unter Drogen standen. Ich sagte ihnen: ‹Ihr könnt mich schon mit Feuer angreifen, aber gebt acht, mein Geist ist stärker als eurer.› Doch da wurde ich von der Menge zurückgezerrt.»

Sr. Gaudentia begriff, dass sie so nicht weiterkam, und fuhr wieder zurück. Sie versuchte die Polizisten dazu zu bringen, einzuschreiten. «Ich kannte sie gut und wusste auch, welcher der Officer am ehesten bereit war, einzuschreiten. Doch als ich bis zu ihm durchgedrungen war, sagte auch er, es sei zwecklos. Er habe gestern den ganzen Tag mit diesen Leuten gesprochen. Ich solle mir keine Sorgen machen, es passiere schon nichts. Ich sagte: ‹Das stimmt nicht. Kommt schauen!› Doch er sagte, sie hätten sich schon genug eingemischt.»

«Viele der Polizisten glauben selbst an Sanguma», sagt Sr. Gaudentia. «Für sie ist ein solches Verhör oder eine solche Hinrichtung kein Verbrechen. Auch fürchten sie sich, einzugreifen, weil sich dann das Böse oder eben die Verfolgung gegen sie richten könnte. Sie könnten plötzlich selbst als Hexer beschuldigt werden, weil sie das Böse duldeten.» Möglicherweise wäre die Polizei auch gar nicht imstande gewesen, für Ruhe und Ordnung zu sorgen, auch wenn sie gewollt hätte. Laut einem UN-Bericht zu PNG aus dem Jahr 2011 sind die Polizisten schlecht bezahlt, schlecht ausgebildet, es fehlt an Uniformen und Unterkünften und an transparenten Strukturen. Infolgedessen sei Korruption allgegenwärtig, die Moral schlecht. Die Polizei sei kaum in der Lage, Ermittlungen durchzuführen. Die Chance, dass Verbrecher gefasst werden, liegt Schätzungen zufolge bei drei Prozent. Zudem ist die Mehrheit der Polizisten in den Städten oder in Bergbaugebieten stationiert.

Sr. Gaudentia musste unverrichteter Dinge abziehen und fuhr nun zurück zur Mission, wo sie einen Pater und zwei Dorfpolitiker energisch dazu aufforderte mitzukommen. «Sie kamen zwar mit, doch hatten sie Angst und standen nur hilflos da. Ich fühlte mich so verloren, wir konnten nichts machen, da dachte ich, wenn wir nichts mehr ausrichten können, dann wird uns Christus helfen. So rief ich in die Menge: ‹Wer von euch ist katholisch! Wer von euch ist katholisch! Kommt, jetzt beten wir zusammen.› Ich betete laut den Rosenkranz, nach und nach fielen etwa zwanzig Frauen mit ein. Wir beteten laut, und plötzlich nahmen die Männer Christina vom Holztisch herunter und verschwanden mit ihr in einem Haus. Inzwischen stand eine zweite Frau gefesselt auf dem Sockel, ich holte sie herunter und zog sie zu mir unter den Schirm. Es regnete so stark, dass sogar das Feuer erlosch. Wohin hatten sie Christina gebracht?»

Die Menge hatte sich zerstreut, und die Situation war beruhigt. Die grauenvolle Aktion hatte gegen vier Stunden gedauert, aber überstanden war sie noch nicht. Viel später erzählte Christina Sr. Lorena, was in dem Haus, in das sie gebracht worden war, vor sich gegangen war. Sr. Lorena kam 1979 aus Baldegg nach PNG und lebt heute noch dort. Sie arbeitet in der Familienpastoral und engagiert sich für Opfer von Hexenverfolgungen. 2018 erhielt sie für diesen Einsatz den Weimarer Menschenrechtspreis.

Christina wurde nackt, über und über mit Schlamm bedeckt in das Männerhaus geschleppt. Die Männer schlugen auf ihren Bauch ein und riefen, sie solle Sanguma freilassen. Sie habe nur an ihren Sohn und ihre Mutter gedacht und gewusst, dass sie die Männer irgendwie dazu bringen musste, von ihr zu lassen. In einem unbeobachteten Moment führte sie einen Stein in ihre Vagina ein, diesen «gebar» sie dann unter ihren Augen. Die Männer glaubten, Sanguma hätte von ihrem Körper abgelassen. Und gaben Ruhe. Wenigstens vorderhand.

Zurück zu Sr. Gaudentias Erinnerungen: Christina blieb im Dorf, doch liessen die Männer es nicht zu, dass man sich ihrer annahm. Als sich ihre Mutter, Martha, um sie kümmern wollte, wurde diese verprügelt, bis sie nicht mehr gehen konnte. Sr. Gaudentia fragte die Leute immer wieder, wie es um Christina stehe, ob sie zu ihr könnten. «Wir wären sofort hingefahren. Nur Präsenz kann etwas ändern, hinschauen statt wegschauen.» Dann, nach zwei oder drei Tagen, kamen Mitarbeiter zu ihr, sie war soeben mit der Arbeit fertig, und sagten, sie solle sofort kommen, ein Polizeiauto sei eingetroffen, und man habe nach ihr verlangt. Ein Verwandter hatte offenbar die Polizei gebeten, die beiden Frauen, Mutter und Tochter, abzuholen und in die Epeanda-Klinik zu Sr. Gaudentia zu bringen.

Christina und ihre Mutter Martha waren schwer verletzt, die Tochter hatte grausame Verbrennungen. «Wir brachten sie sofort in ein Zimmer unseres Care-Centers und versorgten sie. Wir gaben ihnen zu trinken und zu essen und hofften, dass sie etwas zur Ruhe kommen könnten. Doch als ich aus dem Spital trat, schnitt mir einer der Täter den Weg ab und sagte: ‹Du darfst sie nicht hier behalten, du darfst sie nicht pflegen, sie ist vom bösen Geist besessen, sonst sterben noch mehr Leute.› Ich sagte mit bestimmter Stimme: ‹Sie bleibt, sie bleibt.› Dann habe ich eine der einheimischen Schwestern gebeten, bei den beiden Frauen Wache zu halten. In der Nacht und am kommenden Morgen war Ruhe, doch nach einer Weile versammelte sich eine grosse Menge um das Center. Die Menschen riefen: ‹Lasst sie gehen, lasst sie gehen, sie hat den bösen Geist, bevor noch mehr Menschen sterben.› Dann begannen sie, Steine auf das Wellblechdach des Spitals zu werfen. Das polterte fürchterlich, es war beängstigend. Sie hätten Mutter und Tochter bestimmt getötet, wären diese herausgetreten. Ich bat eine einheimische Mitarbeiterin, die schon lange bei uns arbeitete, mit den Leuten zu reden, sie zur Vernunft zu bringen, doch das brachte nichts. Da besprach ich mich mit Christina und Martha. Ich machte ihnen klar, dass ich hier nicht für ihre Sicherheit garantieren könne. Ob es in Ordnung sei, wenn ich die Polizei riefe. Es gibt nicht viele gute Leute unter den Polizisten, doch einen kannte ich, ihm vertraute ich. Ich handelte mit ihm aus, dass er die beiden Frauen zur Polizeistation mitnehmen solle und wir sie dort regelmässig besuchen und versorgen könnten. Sie wurden also dort ins Untersuchungszimmer gebracht, das gemauert war und nur oben ein kleines, aber von aussen nicht erreichbares Fenster hatte, damit etwas Licht und Luft hereinkam. Wir gaben Matratzen und Decken mit und besuchten die beiden Frauen jeden Tag. Einmal mussten wir Martha röntgen lassen, weil sie grosse Schmerzen in den Hüften hatte. Da schleusten wir sie unter einem Tuch in die Ambulanz. Man bestätigte uns, dass ihr Bein gebrochen und im Beckenknochen ein Riss war.»

Die beiden Frauen konnten nicht zurück ins Dorf. Sie mussten künftig woanders leben, wo man nichts von diesen Ereignissen wusste, damit die ganze Tortur nicht wieder von vorn begänne. Als beide körperlich wieder so weit gesund waren, dass sie für sich sorgen konnten, zogen Mutter und Tochter auf Vermittlung der Baldegger Schwestern zusammen mit Christinas Sohn Johannes in eine weit entfernte Stadt, nach Chimbu. Wie die Schwestern später erfuhren, fand Christina eine Stelle als Kindermädchen in einer Familie und konnte für sich, ihre Mutter und ihren Sohn ein kleines Haus mieten.

Es war im Sommer 2013, als mir Sr. Gaudentia die erschütternde Geschichte von der Misshandlung Christinas erzählte. Damals lag das Ereignis erst ein knappes Jahr zurück. Christina wird ihr 2018 nochmals begegnen. Doch davon später.

Christina ist ein typisches Opfer eines Hexenwahns. Philip Gibbs zeigt auf, dass zumindest in dieser Region mehrheitlich Frauen der Hexerei beschuldigt werden – oft ältere Frauen oder Witwen, die keine Kinder haben, die sie verteidigen können, oder eben schutzlose alleinerziehende Mütter mit kleinen Kindern wie Christina. Die Polizeiberichte spiegeln dies zwar nicht wider, Aufzeichnungen der Spitäler jedoch schon: Zwei Drittel der Opfer sind Frauen. Es zeigt sich auch, dass Frauen oft schlimmeren Folterungen ausgesetzt werden als Männer. Und dass Fälle von misshandelten Frauen seltener der Polizei gemeldet werden, als wenn die Opfer männlich sind. Eine Frau äusserte sich gegenüber Gibbs: «Frauen sind unwichtig, da lohnt sich die Mühe nicht, solche Fälle der Polizei zu melden.» Werden Männer der Hexerei bezichtigt, haben sie oft ein körperliches Gebrechen, oder sie sind Aussenseiter, die nicht zum inneren Kern der Sippe gehören.

Wird in Papua-Neuguinea jemand der Hexerei bezichtigt, hat das meist mit dem Tod eines Mannes zu tun, seltener mit dem einer Frau. Dabei spielt es keine Rolle, ob der Tod offensichtlich aufgrund einer Krankheit, wie etwa Malaria oder Aids, oder durch einen Unfall erfolgte. Sanguma Meri wird dann als Urheber der Krankheit oder des Unfalls betrachtet. So wurde eine alte Frau der Hexerei beschuldigt, nachdem ein Knabe plötzlich an einer Darmkrankheit gestorben war. Der Grund für diese Verdächtigung war, dass der Junge am Tag vor seinem Tod der Frau beim Vorbeigehen «Danke» gesagt hatte, obwohl sie ihm nichts gegeben hatte. Es hiess, ihr böser Geist habe ihm offensichtlich etwas gegeben, das den Tod verursachte.

Sr. Lorena befragte einen Mann, der eine Frau wegen vermeintlicher Hexerei gefoltert hatte, weshalb er das getan habe. Er erwiderte: «Um den Tod meiner Frau zu rächen.» Sie wollte wissen, woran denn seine Frau gestorben sei. Er antwortete: «An Blutungen in der elften Schwangerschaftswoche.» Und nach einer kurzen Pause fuhr er fort: «Und an Sanguma.»

Insbesondere dann, wenn der Verstorbene ein junger, kräftiger Mann oder ein Kind, aber auch eine scheinbar gesunde Frau ist, jemand also, bei dem der Tod aussergewöhnlich ist, werden Schuldige gesucht. Dann kommt es zu einem seltsamen Verhalten, das aber in einer gewissen, wenn auch verqueren Weise logisch scheint: Die Angehörigen suchen einen Verantwortlichen für den frühzeitigen Tod, um die natürliche Ordnung wiederherzustellen. Wenn jemand mit böser Magie belegt wurde, ist der viel zu frühe Tod erklärbar. Dass die Anklägerinnen oder Ankläger sich dabei auf einen schwachen Sündenbock stürzen, ist nachvollziehbar: Sie wollen sich nicht mit einem Mächtigen anlegen. Damit rücken Frauen in den Fokus, zumal diese bei der Heirat üblicherweise in die Sippe ihres Mannes wechseln, dort aber nie als vollwertige Mitglieder akzeptiert sind. Stirbt der Ehemann, oder will er nichts mehr von seiner Frau wissen, ist die Gefahr gross, dass sie zum Opfer wird.

Die Tätergruppen, die foltern und töten, bestehen heutzutage meist aus jungen Männern, die unter Einfluss von Alkohol und Marihuana stehen. Sie finden sich zu marodierenden Gruppen zusammen, in Pidgin «raskol» genannt. Sr. Gaudentia sagt: «Die traditionellen Werte sind am Zerbröckeln, die Sippenstrukturen werden infrage gestellt, aber der Staat bietet dafür keinen Ersatz. Hinzu kommt, dass die Männer ihre Rolle in der neuen Gesellschaft noch nicht gefunden haben. Und das Handy bringt ihnen eine Flut von Bildern aus der ganzen Welt, auch pornografische Bilder, die sie nicht einordnen können. Gleichzeitig gibt es kaum Arbeit oder Verdienstmöglichkeiten für junge Leute, die ihnen Perspektiven und Halt geben würden.» Roland Seib beschreibt das so: «Das Bandenwesen und generell die Kriminalität sind aber auch Ausdruck der hauptsächlich männlich dominierten traditionellen wie modernen Lebenswelten, in denen Frauen nur eine untergeordnete soziale

Stellung zugestanden wird. Hinzu kommt ein Überlebensdruck angesichts fehlender subsistenzsichernder Möglichkeiten wie Gärten und der schwindenden, weil überlasteten Leistungsfähigkeit verwandtschaftlicher Netzwerke, des Wantok-Systems.»

Das soziale Prestige dieser Jugendlichen erhöht sich allerdings durch solche Taten nicht, auch wenn sie sich als Vollstrecker eines «Volkswillens» verstehen. Während mutige Kämpfer in Sippenkriegen ein hohes Ansehen geniessen, gilt diese Gewalt nicht als heldenhaft. Junge Frauen haben sich gegenüber Gibbs sogar dahin geäussert, dass ein Mann, den man bei solch brutalen Handlungen beobachtet habe, als Heiratspartner weniger infrage komme.

Allerdings beteiligen sich auch die Frauen oft massgeblich an den Verfolgungen. Sie werfen Steine auf die Opfer und beschimpfen sie. Oft sind es Frauen, die jemanden als Hexe oder Hexer beschuldigen. Als häufiges Motiv stellt Gibbs «jelas» fest, ein Pidgin-Wort, das sich von «jealous», eifersüchtig, ableitet und als «unkontrollierbares, böses Verlangen» übersetzt wird. So erzählt er von einer Witwe, die nach dem Tod eines jungen Mannes der Hexerei beschuldigt wurde. Dieser hatte sich an der Küste wahrscheinlich mit Malaria angesteckt und war daran gestorben. Die Beschuldigte konnte sich retten und gab bei einer Befragung an, dass manche im Dorf eifersüchtig auf sie waren, weil sie in ihrem Garten besseres und mehr Gemüse hatte als die anderen. Oft zeigt sich, dass die Beschuldiger das Gut und die Habe eines Opfers bekommen, sozusagen als Wiedergutmachung für den Schaden, den die angebliche Hexerei verursacht hat. Pfarrer Jack Urame verweist denn auch auf der Suche nach Faktoren, die dazu führen, dass Zauberei- und Hexereivorwürfe in den letzten Jahren in PNG wieder vermehrt vorkommen, auf die wachsende Ungleichheit bei steigenden Erwartungen, was Neid und Eifersucht hervorrufe.

Der Fall von Christina machte international Schlagzeilen, nicht nur, weil er besonders krass war, sondern auch weil dabei Fotos entstanden, welche den Schwestern anonym vor die Türe gelegt wurden. Sr. Gaudentia ging damit zu ihrem Bischof, Donald Lippert. Zusammen überlegten sie, was zu tun sei. Sie kamen zum Schluss, die Bilder an Philip Gibbs zu schicken, der schon einiges über den Hexenglauben in Papua-Neuguinea geschrieben und Kontakte zu Amnesty International hatte. Gibbs liess sich von Sr. Gaudentia die Ereignisse detailliert beschreiben, doch geschah danach lange Zeit nichts – bis sich in Mount Hagen, in der Hauptstadt der Provinz Westliches Hochland, Folgendes ereignete und wiederum für Schlagzeilen sorgte: Am 7. Februar 2013 wurde die zwanzigjährige Kepari Leniata, Mutter einer kleinen Tochter, bei lebendigem Leib verbrannt, nachdem sie grausam gequält und erniedrigt worden war. Die Täter waren Angehörige eines sechsjährigen Jungen, der kurz zuvor im Spital gestorben war. Die Medien berichteten über den Fall, der Premierminister von PNG verurteilte den Mord als «barbarische Tat», und das UN-Büro für Menschenrechte äusserte «tiefe Besorgnis».

Aufgrund dieser Ereignisse erinnerte sich die Reporterin und Mitarbeiterin der Deakin University in Melbourne, Jo Chandler, offenbar an den vorherigen Fall in Mendi und die damals entstandenen Fotos, die ihr vorlagen. Sie schrieb eine Reportage, die weltweit in verschiedenen Zeitungen erschien, auch im Magazin des *Tages-Anzeigers*. Der Titel: «Hexenverbrennung im Jahr 2013. Mitten in Papua-Neuguinea versucht eine 74-jährige Nonne aus der Schweiz, angebliche Hexen zu retten. Die Gewalt wird immer schlimmer.» Diese 74-jährige Nonne war Sr. Gaudentia.

Eine politische Folge davon, dass eine immer grössere Öffentlichkeit von solchen «Hexenprozessen» in PNG las, war, dass noch im selben Jahr, 2013, der Hexereiartikel aus dem Gesetz gestrichen wurde. Leider änderte sich danach nicht viel. Die Täter kommen heute noch in den meisten Fällen ungeschoren davon.

So auch im Fall von Christina, obwohl Sr. Gaudentia sich sicher ist, dass dieselben Täter mindestens noch einen weiteren Fall zu verantworten haben. Sie erzählt: «Zwei Monate vor dem Ereignis mit Christina lag eine Frau im staatlichen Spital von Mendi, als dort ein Kind starb. Die Angehörigen gaben drei Frauen, die im Spital waren, die Verantwortung für diesen Tod. Zwei flohen, die dritte blieb, weil sie ihr krankes Kind nicht alleine zurücklassen wollte. Das Personal schloss sie in einen Abstellraum ein, schlug sie und zerrte sie bei Dienstschluss zu den Beschuldigern. Dort wurde sie aufs Grausamste gefoltert, bis es ihr gelang, davonzurennen. Ein kleiner Bub, ihr Neffe, folgte ihr und bat einen Mann um Hilfe. Dieser wiederum holte die Polizei, welche sie wieder in das Spital bringen wollte. Dort werde sie sterben, sagte sie dem Polizisten, er solle sie doch ins andere Spital, das der Kirche, bringen. Das tat er dann. Sr. Gaudentia erinnert sich: «Sie schrie vor Schmerzen, als sie zu uns kam. Es war gegen 18 Uhr. Sie hatte schlimmste Verbrennungen im Bereich der Brüste und der Geschlechtsteile. Wir gaben ihr sofort Schmerzmittel und behandelten sie, das dauerte stundenlang. Dann gingen wir zur Polizei und kontaktierten auch den Leiter des Spitals. Wir unternahmen alles, damit die Täter bestraft würden. Nichts geschah.»

Wie verarbeitet sie solche Bilder? «Sie gingen mir schon lange, lange nach. Was mich aber auch nicht loslässt, sind die Täter. Ich kenne sie. Sie sind alle aus demselben Dorf, aber ich glaube, sie werden bezahlt von denen, welche die Menschen der Hexerei beschuldigen. Ich bin ihnen noch in einem dritten Fall begegnet. Da kamen Leute aus dem Dorf zu mir und baten mich um Hilfe. Es seien drei Frauen gefoltert worden. Es hatte sich offenbar herumgesprochen, dass wir uns für die Opfer von solchen Hexenprozessen einsetzten. Ich ging mit ihnen zur Polizei, wo man uns sagte, die Frauen seien im Spital. Im öffentlichen Spital von Mendi. Ich rief dort an und fragte, ob Opfer einer solchen Sanguma Sache bei ihnen seien. Sie bestätigten das, und Sr. Lukas fuhr hin, doch stellte sie fest, dass die eine Person dort aus einer anderen Gegend war. Wir gingen ins Dorf zurück und fragten herum. Niemand wollte etwas wissen. Ich fragte eine Frau, die ich kannte, und sie sagte, wir sollen etwas weiter hochfahren und das Auto wenden. Sie werde uns dann unauffällig zeigen, wo die Frauen seien. Jemand blieb im Auto, ich ging durch den Garten zu dem Haus, das sie uns wies, und dort kauerten alle drei völlig verängstigt. Ich sprach mit ihnen und sah, dass sie behandelt werden mussten. Ich fragte sie, ob sie ins Spital gehen oder auf unsere Krankenstation kommen wollten. Sie wollten zu uns, und so nahm ich sie mit. Als ihre Wunden verheilt waren, zogen sie nach Upper Mendi, wo sie etwas Land besassen.»

Und die Täter? «Ich weiss von zwei Haupttätern alles. Wo sie wohnen, wo sie arbeiten. Wenn ich zurück bin, nehme ich mich dieser Sache an. Ich habe keine Angst, ich überrasche sie bei ihrer Arbeit. Ich will sie einfach fragen, weshalb sie so etwas tun. Das darf nicht wieder geschehen. Einer von ihnen ist sehr einflussreich im Dorf. Ihn einzusperren, bringt nicht einmal viel. Das schadet einem wie ihm kaum, der ist schnell wieder frei. Ich will, dass er mir sagt, weshalb er so etwas tut. Das darf nicht wieder geschehen.»

Sie reiste also 2013 nach dem Urlaub zurück nach PNG mit dem Vorsatz, einen der Rädelsführer aufzusuchen und ihn zur Rede zu stellen. Es kam anders. In einer Mail vom Mai 2014 schreibt sie: «Nun in unserem Fall in der Nähe von Mendi, mit Christina und ihrer Mutter, ist es ruhig. Der Anführer [der Tätergruppe] arbeitet in einem anderen Gebiet und auch der Bursche, der mich mit Feuer bedrohte, ist verschwunden. Die Leute wissen nicht, wo er ist. Die Leute sagen, es sei ruhig in der Sippe, man spreche nicht mehr davon, aber würden die 2 Frauen zurückkommen, sei es eine andere Geschichte. Christina heiratete einen Security Guard vom Spital in Chimbu. Das ist der Ort, wo wir sie zum Arzt brachten mit ihrer Mutter. Es sei ein älterer Mann, der froh war für jemanden, der ihm für den Garten und die Schweine sorge. Dies ist auch, was Christina braucht, Sicher- und Geborgenheit. Um Mendi herum ist es momentan ruhig mit diesen Sanguma-Geschichten. Im Madang-Gebiet aber hatten sie kürzlich wieder solche Fälle […].»

Auch Sr. Lorena hat immer wieder versucht, Täter solcher Exzesse anzuzeigen. Meist heisst es dann: «Wir werden Ermittlungen einleiten.» Und weiter geschieht nichts. Wobei Beobachter nicht einmal sicher sind, ob eine Verurteilung Wirkung zeigen würde, da Verurteilungen und Gefängnisaufenthalte nicht mit einem sozialen Stigma behaftet sind. Das könnte sich allerdings ändern, sollte das Beispiel des obersten Richters von Madang, einer Provinz an der Nordküste des Landes, Schule machen: In den *Pacific News* war am 26. Juli 2018 zu lesen, dass dieser einer Gruppe von 97 Männern im Alter zwischen 18 und 35 Jahren den Prozess machte. Sie waren daran beteiligt, als am 14. April 2014 in einem Dorf rund 180 Männer fünf Männer und zwei Buben im Alter von drei und fünf Jahren wegen angeblicher Zauberei mit Macheten und Pfeilen töteten. 88 Angeklagte erhielten lebenslängliche Haftstrafen, acht wurden zum Tod durch Erhängen verurteilt. Ob diese drastische Strafe tatsächlich vollstreckt wird, ist noch nicht klar. Die Todesstrafe wurde in Papua-Neuguinea 2014 zwar wieder zugelassen, doch wurde sie das letzte Mal 1954 vollzogen.

Um Mendi herum sei es momentan ruhig, schrieb Sr. Gaudentia im Mai 2014. Doch bereits 2016 gab es allein in der Region von Mendi wieder sieben Fälle von brutaler Misshandlung wegen angeblicher Hexerei. Und wieder waren die Baldegger Schwestern aufs Äusserste gefordert.

Sr. Lorena wurde in ein Dorf gerufen, wo zwei Frauen am Vortag als vermeintliche Hexen verhört worden waren. Sie war in der Begleitung von Bettina Flitner, einer Reporterin des evangelischen Magazins *Chrismon*. Diese berichtete später darüber. Die beiden Frauen stiegen einen vom Regen rutschigen Pfad hinauf zu einem von Bambus umwachsenen kleinen Platz, auf dem zwei Hütten standen. An einer Leine trocknete Wäsche, in der Mitte des Platzes war eine erloschene Feuerstelle. Als sie sich näherten, kamen Frauen aus den Häusern, und sie erzählten wild durcheinander, lachend und gestikulierend, was sich an dieser Stelle am Vortag abgespielt hatte: Zwei Frauen, Betty und Teno, wurden beschuldigt, einen angesehenen Mann des Dorfes, der plötzlich verstorben war, getötet zu haben. Sie wurden deswegen grausam traktiert. Drei Tage lang dauerte das Verhör, das immer brutaler wurde. Hunderte hatten dabei zugesehen, Männer, Frauen und Kinder aus dem Dorf, aber auch aus den Nachbardörfern seien sie gekommen. Schliesslich wurden die Frauen nackt und mit verbundenen Augen und gefesselten Händen vor ein loderndes Feuer geführt, in dem vier Männer Eisenstäbe und Macheten zum Glühen brachten. Einer hielt den verbogenen Stossdämpfer eines Autos in die Flammen. «Sag, wie du es gemacht hast», schrien die Männer. «Hast du ihm das Herz herausgerissen?» Und dabei drückten sie die glühenden Eisen auf die Beine der Frauen.

Sr. Lorena und die Reporterin machten später den Bruder des vermeintlich verhexten Mannes ausfindig und fragten ihn, was diesem zugestossen sei. Er sagte, vielleicht sei er auch an Asthma gestorben. Aber schuld seien auf jeden Fall die Sanguma.

Die Frauen erzählten, Bettys Mann und ihre sechs Kinder hätten zugeschaut, sie konnten sich nicht wehren. Als die Männer sich ihr wieder mit den glühenden Eisenstangen näherten, rief sie: «Ja, ich war's.» Die Männer banden sie los und führten sie weg, doch gelang ihr in der Nacht mithilfe ihres Mannes die Flucht ins Dorf ihres Vaters. Teno hingegen liess alles wie versteinert über sich ergehen. Die Männer verbrannten ihre Brust, ihr Gesicht, sie schlugen sie mit Macheten und stiessen ihr heisse Eisenstangen in den Unterleib. «Sie zeigte keinen Schmerz», wunderten sich die Frauen aus dem Dorf.

Sr. Lorena machte sich auf die Suche nach Teno. Sie bekam nirgends Antwort. Ein Schulterzucken, doch irgendwann zeigte ein Mann, der im Garten vor seinem Haus arbeitete, den Hang hinauf und sagte: «Dort oben wohnt Teno.»

Das Haus war mit einem Vorhängeschloss versperrt, doch die Nachbarin brachte den Schlüssel und schloss auf. In der dunklen Hütte, auf einem Bambusgestell, lag Teno, schrecklich zugerichtet. Sie lebte. Ein älterer Mann schrie in die Hütte hinein, man dürfe ihr keine Medikamente und auch nichts zu trinken geben. Sr. Lorena liess sich nicht einschüchtern und bat, ihr ein Laken zu bringen. Ein Mann und eine Frau taten das und halfen ihr, Teno darin einzuwickeln und sie ins Auto zu tragen. Sie sollten bitte nicht mehr kommen, bat der Mann leise. Sonst bekomme er Schwierigkeiten.

Vor der Krankenstation in Mendi wartete Sr. Gaudentia bereits. Die Reporterin beschreibt später in ihrem Bericht die Ruhe, die diese ausstrahlte. Mit routiniertem Griff hob Sr. Gaudentia die Frau aus dem kleinen Geländewagen und brachte sie ins Krankenzimmer. Sie spritzte ihr Morphium und begann, ihre Wunden zu versorgen. Am nächsten Morgen, als Sr. Lorena und die Reporterin im Wohnhaus der Schwestern frühstückten, betrat Sr. Gaudentia den Raum. Sie sah erschöpft aus und sagte: «Teno ist heute Nacht gestorben.»

Als ich Sr. Gaudentia darauf anspreche, rückt sie sich, wie so oft, wenn sie von Erinnerungen übermannt wird, den Schleier zurecht und schaut eine Weile in die Ferne, als ob sie nach Worten suchen müsste. Dann sagt sie: «Sie war schrecklich zugerichtet, ich konnte einfach nichts mehr für sie tun.»

Wie geht es Christina inzwischen, frage ich, in der Hoffnung, damit diesen unerträglichen Bildern etwas entgegenzusetzen. Meine letzte Information war ja, dass sie in Chimbu geheiratet und ein Auskommen gefunden hatte. Das war im Mai 2014, also vor rund vier Jahren. Sr. Gaudentia knetet kurz ihr Hände. Dann räuspert sie sich und beginnt zu erzählen: «Ich habe sie gesehen, einige Monate bevor ich in die Schweiz reiste. Eines Abends, es war schon dunkel, stand sie plötzlich vor unserer Tür. Ich hatte sie zuerst gar nicht erkannt. Sie hatte Rastalocken und sah wild und auch etwas verwahrlost aus. Sie wollte wissen, wie es uns ging. Sie hatte ihre Arbeit verloren und kein Geld mehr. Wir gaben ihr zu essen. Sie setzte sich auf den Boden und verschlang die Mahlzeit. Sie war wirklich hungrig.» Sr. Gaudentia hält inne. Dann sagt sie, für mich zuerst scheinbar zusammenhanglos: «Kaum eine Woche zuvor wurden wir von Einheimischen gerufen, es sei wieder etwas im Gang, eine Frau sei in einem Dorf ausserhalb von Mendi als Hexe misshandelt worden. Ich ging mit ein paar Leuten in dieses Dorf, doch entdeckten wir nichts, als wir aber umkehrten, kam uns jemand hinterher und sagte, sie habe uns gesehen, die Frau sei in jenem Haus dort, aber niemand dürfe wissen, dass sie das verraten habe. Darauf schickte ich ein paar Leute hoch, um sie zu holen. Wir brachten sie in unserer Krankenstation unter und erfuhren, dass sie die Tochter von Christina war. Sie hatte schlimme Verletzungen und wüste Narben.»

Die Tochter war bereits verheiratet gewesen, als Christina Opfer des Hexenwahns wurde. Nachdem die beiden verschwunden waren, geriet sie offenbar ins Visier der Übeltäter. Sr. Gaudentia fragte Christina, ob sie vom Schicksal ihrer Tochter wisse. Sie verneinte. «Als ich ihr sagte, was ihrer Tochter widerfahren war, hörte sie schlagartig auf zu essen und sass ganz stumm da. Ich fragte sie, ob sie ihre Tochter besuchen wolle, sie liege ganz nahe. Sie verneinte erschrocken, sie dürfe hier nicht gesehen werden. Ich versprach ihr, dass wir das regeln könnten.» Üblicherweise geht jeden Abend jemand des Teams in Begleitung eines Security-Wächters in die Krankenstation hinauf, um alles abzuschliessen. Sr. Gaudentia teilte den mit dieser Aufgabe betrauten Personen mit, das sei heute nicht nötig, sie schaue selbst zum Rechten, ging mit Christina hinauf, brachte sie ins Zimmer ihrer Tochter und schloss ab, damit sie nicht entdeckt würden. «Sie hatten schon lange nichts mehr voneinander gehört, dieses Wiedersehen war erschütternd. Ich hatte sie zuvor gefragt, ob sie bei ihrer Tochter schlafen wolle, doch sie hatte furchtbare Angst, entdeckt zu werden. So holte ich sie nach einiger Zeit wieder ab, und sie konnte dann bei uns im Schwesternhaus schlafen. Am Morgen brachte Sr. Lukas sie zum Bus zurück nach Chimbu. Dort kam sie dann auf der Missionsstation von Pater Jan unter.» Wir werden dem polnischen Priester und Arzt Pater Jan Jaworski im nächsten Kapitel begegnen. Hier nur dies: Er plant laut Sr. Gaudentia in Chimbu den Aufbau eines Hauses, in dem Opfer von Hexenverfolgungen Unterschlupf finden.

Es scheint hoffnungslos. Ist das nicht hoffnungslos? Zum Verzweifeln? Ich habe Sr. Gaudentia mehrfach gefragt, wie sie es schafft, mit solchen Ereignissen klarzukommen. Da muss doch Entsetzen sein. Wut, Trauer, Hass gegen die Täter. Resignation, weil es immer weitergeht. Doch wenn Sr. Gaudentia davon erzählt, tut sie das so wie immer. Sachlich, ruhig und bedacht.

«Ist sie eine ‹Pelerinenfrau›?», fragt mich die Verlegerin nach erster Durchsicht des Manuskripts. «Perlen die Gefühle an ihr ab?» Die Frage lässt mich stutzig werden. So darf das nicht rüberkommen. Da fehlt offensichtlich ein wichtiger Aspekt in meiner Darstellung. Sr. Gaudentia ist zwar im direkten Kontakt eher zurückhaltend, überlegt und, ja, auch unsentimental. Aber sie ist auch aufrichtig herzlich, mitfühlend und gütig. Gütig – ein seltsam altmodisch klingendes Wort ist das. Aber es trifft es genau. Sr. Gaudentia ist gütig, allerdings ohne arglos oder gar naiv zu sein. Zu diesen Eigenschaften gesellen sich andere, die vordergründig stärker wahrgenommen werden: Sie ist zupackend, energisch, und sie kann auch resolut sein.

Ende Juli 2019 besucht Donald Lippert, seit 2011 Bischof von Mendi, die Schwestern in Baldegg. Der Kapuzinermönch war zuvor bei seiner Familie in Pittsburgh (Pennsylvania, USA) und legt auf der Durchreise nach Rom einen Zwischenstopp im Luzerner Seetal ein. Sr. Gaudentia schlägt vor, dass ich ihn bei dieser Ge-

legenheit treffen sollte. In seiner braunen Kutte und den Sanda-
len entspricht er nicht dem Bild, das man gemeinhin von einem
Bischof hat. Er freut sich sichtlich, etwas Zeit mit Sr. Gaudentia
und Sr. Lukas zu verbringen, und spricht auch darüber, wie er die
beiden in PNG erlebte. Dabei erzählt er eine Geschichte, die sich
mir in ihrer Sinnhaftigkeit erst später erschliesst. Seine Mutter
habe ihn als kleinen Buben stets dazu angehalten, einen Schirm
mitzunehmen, falls es zu regnen beginnen würde. Das prägte sich
ihm ein. Und so sei er bis heute in Papua-Neuguinea kaum je ohne
Schirm unterwegs, da es im Südlichen Hochland immer wieder
und oft aus heiterem Himmel regne. Sr. Gaudentia dagegen sei
nie mit Schirm unterwegs gewesen. Sie sei jeweils ungerührt
durch Wind und Regen, auch durch Wolkenbrüche geeilt. Also
wirklich eine «Pelerinenfrau»? Im Gegenteil, sagt er, denn sie sei
dabei pitschnass geworden. Ein Schirm sei so unpraktisch, sagt
sie lachend, als der Bischof die Anekdote erzählt. «Da hat man
nicht beide Hände frei.»

Keine «Pelerinenfrau». Die Gefühle perlen nicht an ihr ab.
An gewissen Gesten ist zu erkennen, dass die Erinnerung sie
innerlich mitnimmt. Sie knetet ihre erstaunlich grossen Hände,
sie rückt den Schleier zurecht. Und sie spricht etwas leiser als
gewöhnlich. Aber Emotionen sind in solchen Situationen «unpraktisch», hinderlich dabei, einen kühlen Kopf zu bewahren.

Auf die Frage, was in ihr vorgegangen sei, als sie Christina
bedrängt von ihren Peinigern sah, sagte sie: «Ich wusste einfach,
dass das nicht sein darf. So etwas darf einfach nicht sein.» In solchen Momenten tritt ihre Fähigkeit offen zutage, sich auf eine
Situation einzustellen und nüchtern zu überlegen, wie dieser zu
begegnen ist: Das darf nicht sein, so etwas darf nicht geschehen.
Also: Was kann ich tun, um es zu stoppen? Hier und jetzt. Und später
dann: Was können wir tun, damit so etwas nicht wieder geschieht?

«Frag nicht, tu es!» Diesen Satz hörte Sr. Gaudentia hin und
wieder von ihren Vorgesetzten. Vom Bischof, der wusste, dass das,
was Sr. Gaudentia vorhatte, Hand und Fuss hatte, sie es mit Herz
und Kopf machte, es aber nicht immer mit den Konventionen der
Kirche übereinstimmte. Auch ihre Vorgesetzten im Kloster hatten
grosses Vertrauen in Sr. Gaudentia.

«Frag nicht, tu es!» Dahinter steht aber mehr als die Fähigkeit, schnell Entscheidungen zu treffen und anzupacken. Als Sr. Gaudentia sich durch die Menschenmenge zu Christina vorkämpfte, galt der Satz für sie selbst: Frag jetzt nicht: Wie kann so etwas geschehen? Frag jetzt nicht: Was kann dir zustossen? Frag nicht: Was geht mich das an? Tu einfach, was du für richtig hältst. In Gottes Namen.

Diese Haltung ist vielleicht der Schlüssel zu einer weiteren Eigenschaft, die einen im Gespräch mit ihr immer wieder verblüfft: Sie begegnet Personen und Situationen gänzlich ohne Vorurteile. Sie stellt niemanden infrage. Sie fragt. – Ich frage auch, nochmals. Ist das nicht hoffnungslos? Zum Verzweifeln? Sr. Gaudentia widerspricht: «Schau meine beiden engsten Mitarbeiterinnen an. Sie sind in dieser Welt aufgewachsen und haben den Mut, vor die Männer zu stehen und zu sagen: ‹Hört auf, so nicht.› Sie haben uns sehr geholfen. Ich kenne aber auch einen einheimischen Priester, der ist noch stark in diesem Denken verwurzelt. Der denkt noch so, er sagt mir, er könne nicht anders, als an Sanguma zu glauben, und dass es Menschen gebe, die davon besessen seien. Ich kenne seine Eltern, er ist noch in ihrer Welt verhaftet.»

Pfarrer Jack Urame schreibt: «Überall in PNG mangelt es an Bildungseinrichtungen, wissenschaftlichen Institutionen und kompetenten Menschen, die in der Lage wären, natürliche Erklärungen und wissenschaftliche Antworten zu geben. Menschen halten an ihrem Glauben fest aus Angst davor, was für Folgen es haben könnte, wenn sie nicht glauben; wenn sie es ablehnen, wären sie vielleicht verwundbar oder würden sich benachteiligt fühlen.» Heisst: Sie wagen es nicht, nicht an Hexen zu glauben. Ein Teufelskreis, hoffnungslos. «Nein», widerspricht Sr. Gaudentia erneut, denn Hoffnungslosigkeit lässt sie nicht zu. Zu kapitulieren widerstrebt ihr zutiefst und steht im Widerspruch zu ihrem Menschenbild. «Wenn man den Menschen Zugang zu Antworten und Erklärungen verschafft, können sie diesen Teufelskreis durchbrechen.»

Der Anthropologe Philip Gibbs, wohl der beste Kenner der Verhältnisse in Papua-Neuguinea, spricht nicht zuletzt aufgrund des Falls von Christina von einer Möglichkeit, den Opfern solcher

Verfolgungen zu helfen: «Meine Sichtung der jüngsten Todesfälle zeigt, dass die Opfer überlebt haben oder freigelassen wurden, wenn die Polizei (die keine Familienangehörigen waren) an den Tatort gerufen wurde oder eine starke Persönlichkeit der Kirche anwesend war, um die Menschen daran zu erinnern, dass es für Christen in der modernen Welt Alternativen zur Hexerei gibt. Das bedeutet, dass die Anwesenheit der Polizei, der Zivilbehörden oder der Kirche, wenn sie klar motiviert sind einzugreifen, ausreichen kann, um eine Person zu verteidigen, die ansonsten machtlos ist.»

Auch Jack Urames Aufruf an die Kirchen zielt in diese Richtung: «Die Kirche müsste klar Position beziehen.» Dabei beklagt er, dass die verschiedenen Kirchen nicht mit einer Stimme sprechen: «Die katholische Kirche hat sich öffentlich in den Medien gegen Beschuldigungen und Morde im Zusammenhang mit Zauberei ausgesprochen. Die lutherische Kirche äussert sich kaum. Andere Kirchen schweigen total. Dabei ist es notwendig, dass die Kirchen dieses Thema gemeinsam angehen.»

Dass solche Interventionen, manchmal nur schon die Anwesenheit eines Kirchenmitglieds, wirken können, zeigt etwa folgende Geschichte, die Gibbs schriftlich festgehalten hat. Er erzählt von einem katholischen Theologiestudenten in Chimbu, der an der Beerdigung eines Freundes der Familie teilnahm. Dieser war an Herzversagen gestorben. Doch die Söhne des Verstorbenen sahen sich verpflichtet, die Frage zu stellen, wer am Tod des Vaters schuld sei, und benannten einige Frauen als Hexen. Als sie aber sahen, dass der Theologiestudent unter den Trauergästen sass, und da sie wussten, dass eine solche Beschuldigung ihn verletzen oder abstossen würde, erklärten sie öffentlich, dass sie diesen nicht verärgern wollten und sie vor Sanguma sicher seien. Dann machten sie einige allgemeine Bemerkungen dazu und warnten Sanguma, nicht noch jemanden zu töten.

Jo Chandler beschreibt in ihrer Reportage ein vielversprechendes Projekt, das in Kundiawa, der Hauptstadt der Provinz Chimbu, aufgegleist wurde. Die Initianten sind Anton Bal, der Bischof von Kundiawa, und der bereits früher erwähnte polnische Priester und Arzt Jan Jaworski, der seit mehr als dreissig Jahren in PNG lebt. Es basiert unter anderem auf der Idee, dass sich Freiwillige zu einer Gemeinschaft gesellen, in der sich ein Todesfall ereignete, der zu einer Hexereiklage führen könnte. Die Freiwilligen versuchen dann, die Gespräche von der Schuldfrage wegzulenken. Jaworski, eine offensichtlich charismatische Person, geht wenn immer möglich zu den Angehörigen eines Verstorbenen hin und erklärt ihnen ausführlich den medizinischen Grund für den Tod. Als er beispielsweise erfuhr, dass der Bruder eines Lokalpolitikers verstorben war und etwa 300 Familienangehörige zusammengekommen waren, um einen Sündenbock zu bestimmen, besuchte er sie und sagte unerschrocken, dass der Mann selbst für seinen Tod verantwortlich sei: «Er war zu fett. Er hat sich nicht um seine Gesundheit gekümmert.» Ein anderes Mal ging er zu einer Familie, in der eine junge Frau an Aids gestorben war. Die Familie hatte sie als dritte Frau an einen älteren Mann verheiratet, der sie ansteckte. Nun suchten sie eine Schuldige am Tod der jungen Frau. Jaworski sagte zu ihnen: «Es ist eure Schuld, dass sie gestorben ist, es war nicht Sanguma, der sie getötet hat. Ihr habt sie als dritte Frau verkauft.» Da stand der Onkel auf und sagte: «Vielen Dank für diese Erklärung – wir werden uns keinen Schuldigen suchen.»

Solche Zivilcourage ist allerdings nicht ungefährlich: So bezahlte eine Frau aus Goroka ihr Einschreiten mit dem Leben. Als sie ihre Schwägerin gegen den Vorwurf der Hexerei verteidigte, wurden beide Frauen getötet. Die Polizei schritt nicht ein. Und sowohl Bischof Bal wie Pater Jaworski sprechen davon, dass sie aufgrund der zunehmenden Gewalt oft verzweifelt seien. Einfache Lösungen gebe es nicht, denn die jungen Menschen passten nicht mehr in ihre Dörfer.

Sr. Gaudentia sagt dazu: «Viele leben zwischen den Welten. Sie sind in der Steinzeit aufgewachsen und wurden in unsere Zeit katapultiert. Solche schlimmen Ereignisse zeigen, wie sehr sie das aus der Bahn geworfen hat. Es zeigt mir etwas aus ihrer Welt, das ich mir vorher nicht hätte vorstellen können. Auch nicht vorstellen wollte. Aber es gehört eben auch dazu. Ich kenne ihre Kultur nun etwas besser. Und nur wenn man etwas richtig gut kennt, hat man eine Basis, um darauf aufzubauen.»

2018
Heimkehr

Noch immer irgendwie dort

Es war an einem unserer ersten Treffen, im Sommer 2015. Wir sassen im Garten von Sr. Gaudentias Nichte, meiner Schwägerin, und ich fragte sie, wie sie sich ihre Heimkehr vorstelle. Ihre endgültige Heimkehr. Wie immer antwortete sie nicht überhastet. «Ich bleibe so lange in Papua, wie ich dort nützlich sein kann und bei den Einheimischen erwünscht bin», sagte sie. Verspürt sie nie den Wunsch nach einem etwas geruhsameren Leben? Nach etwas mehr Behaglichkeit und Komfort? Diese Antwort kommt schnell: «Mission ist kein Beruf, sondern ein Leben. Eine Hausfrau wird ja auch nie pensioniert.» Dann fährt sie fort: «Wenn ich krank werde und Pflege brauche, dann kehre ich ins Kloster zurück.» Später wird sie einmal erzählen: «Auf dem Weg zur Kathedrale in Mendi gibt es einen kleinen Friedhof. Wenn ich in Papua sterbe, werde ich wohl dort liegen.»

Während dieses Gesprächs war Sr. Gaudentia in Gedanken schon wieder auf dem Weg zurück nach Papua-Neuguinea. Es wird ihr dort etwas schwerer fallen als früher, den dortigen Rhythmus wieder aufzunehmen. In einem Mail schreibt sie: «Herzlichen Dank fürs E-Mail mit den lieben Grüssen. Ich hab wieder gut angefangen, die Arbeit geht mir noch nicht aus. Nach der Rückreise Ende Oktober brauchte ich 2-3 Wochen, bis ich wieder richtig hier war, vielleicht ist es das Alter, dass ich länger brauchte als sonst. Doch nun, nach drei Monaten, ist der Urlaub wieder weit weggerückt. Es war gut für mich, vier Monate weg zu sein, um zu überdenken, wo soll ich meine Kräfte in der Zukunft einsetzen. Mit 75 sind die Jahre gezählt.»

Einige Monate später wurde sie immer wieder von Magenproblemen gequält. Auch verlor sie stark an Gewicht. Als sie sich schliesslich gründlich untersuchen liess, erhärtete sich der Verdacht, dass sie an Krebs litt. Nun war also die Situation eingetroffen: «Wenn ich krank werde und Pflege brauche, dann kehre ich ins Kloster zurück.» Viel Zeit, alles so zu hinterlassen, wie sie es sich vorgestellt hatte, blieb nicht.

Der Verdacht auf Krebs erwies sich glücklicherweise als falsch. Die Symptome aber blieben. Sr. Lukas, die sie in die Schweiz begleitet hatte, sagt später: «Sr. Gaudentia hätte das nicht überlebt, wenn sie in Mendi geblieben wäre.» Auch in der ersten Zeit in der Schweiz trat keine Besserung ein. Sr. Gaudentia lag im klostereigenen Pflegeheim und wurde immer schwächer, bis sie realisierte, dass die Beschwerden immer dann besonders heftig auftraten, wenn sie Milchprodukte zu sich genommen hatte. Sie hatte eine Laktoseintoleranz entwickelt.

Der Abschied war hart. Und er schmerzt immer noch, das spürt man im Gespräch mit ihr, auch wenn sie keine grossen Worte darüber verliert. Ein Jahr wäre sie gerne noch geblieben, um alles zu ordnen, sagt sie. Der Abschied war auch hart für ihre Vertrauten in PNG, wie eine Mail der engen einheimischen Mitarbeiterin Cathy Pilang zeigt:

«[...] Ich komme langsam dazu, die Tatsache zu akzeptieren, dass du körperlich nicht bei uns bist. Es ist nicht so einfach, ohne dich zu leben und zu arbeiten. Es gibt eine riesige Lücke, die niemand füllen kann. Wir versuchen einfach unser Bestes, um das zu tun, was wir können, um den Standard zu halten und das grosse Werk fortzusetzen, wie du es uns gelehrt hast. [...] Mit dir in Gedanken und Gebet Cathy.»

Als Sr. Gaudentia Papua-Neuguinea verliess, waren in den unter ihrer Leitung aufgebauten Stationen über 1000 Aidspatientinnen und Aidspatienten in Behandlung. Registriert waren über 2000 HIV-positive Personen, welche mit Medikamenten versorgt werden. Das Programm, welches schwangere, HIV-positive Frauen begleitet, ist äusserst erfolgreich und wird an vielen Orten kopiert. Die von den Baldegger Schwestern eingerichteten Institutionen sind mittlerweile von Einheimischen übernommen worden. Vor Ort sind nur noch zwei Schwestern aus Baldegg: Sr. Lorena Jenal und Sr. Monika-Pia Kneubühler, welche als Oberin der örtlichen Schwesterngemeinschaft vorsteht, die sich fast ausschliesslich aus einheimischen Schwestern zusammensetzt.

Bei unserem ersten Treffen nach der Feier zur Goldenen Profess fragte ich Sr. Gaudentia, was ihr in diesem feierlichen Moment durch den Kopf gegangen sei. Sie sprach vom Glück, das ihr durch ihre Mission zuteilgeworden war. Vom Glück, diese ihr einst so fremde Welt kennengelernt zu haben, von der Freude, den Menschen dort nähergekommen zu sein. War da auch etwas Stolz auf das, was sie erreicht hat? Da war es wieder, das energische Zurechtrücken des Schleiers, dieses unnachahmlich näselnde «He» am Ende eines Satzes, das mir im Laufe der vielen Gespräche immer weniger aufgefallen ist. «Stolz? Vielleicht schon ein wenig, aber eigentlich bin ich eher erstaunt, es ist ja schon kein alltägliches Leben für eine Frau meiner Generation.»

Und doch ist die Bilanz rückblickend durchzogen. Gerade in den letzten Jahren flammten die Sippenkämpfe wieder auf. Der Hexenglaube ist nicht verschwunden, obwohl neunzig Prozent der Einwohnerinnen und Einwohner von PNG offiziell als Christen gelten. Im Gegenteil: Er ist offenbar präsenter denn je, mit brutaleren Auswirkungen denn je. «Diese Dinge sind schwer zu ertragen», sagt Sr. Gaudentia. Manchmal sei es schwierig gewesen, die Enttäuschung nicht als persönliche Niederlage zu empfinden. «Es ist zum Verzweifeln: Dieses Land ist fruchtbar und reich, hat Gold, Kupfer, Kaffee, Tee, Vanille. Wenn die rechten Leute an der Macht wären, könnte der Lebensstandard besser werden. Und wenn es den Menschen besser ginge, wenn sie besser ausgebildet wären, würden auch solche Auswüchse wie Sippenkriege und Hexenverfolgungen verschwinden.» Sie erzählt von Regierungsbeamten, die sich Häuser in Australien kaufen, damit ihre Kinder dort eine gute Ausbildung erhalten. «Weshalb tun sie denn nichts dafür, dass die staatlichen Schulen im eigenen Land besser werden? Was für ihre Kinder nicht gut genug ist, ist doch auch für die anderen Kinder nicht gut genug.» Sie erzählt von führenden Politikern, die ausländische Firmen, vorab chinesische, ins Land holen, ohne Umwelt- oder Sicherheitsauflagen einzuhalten. Hauptsache, sie bringen Geld, das bestenfalls teilweise in die Staatskassen fliesst. In einem französischen Dokumentarfilm über PNG werden Bilder aus den Goldminen der Barrick Gold Company in Porgera gezeigt, die sieben Stämme um ihr Land brachte. Viele Einheimische arbeiten nun dort als Goldwäscher und hantieren mit Quecksilber, als ob das die harmloseste Substanz der Welt wäre. Und sie weist mich auf Medienberichte über das Gipfeltreffen der Asiatisch-Pazifischen Wirtschaftsgemeinschaft Apec hin, das im Oktober 2018 in Port Moresby stattfand.

Darin wird beschrieben, wie sich die Regierungsbeamten aus Italien vierzig neue Maseratis zu je 240 000 Franken einfliegen liessen, um den illustren Gästen, darunter US-Vizepräsident Mike Pence und der chinesische Präsident Xi Jinping, zu imponieren. Dies in einem Land, in dem es einige Monate zuvor an Geld für Impfstoffe gegen eine Epidemie von Kinderlähmung mangelte und HIV-Therapien nicht finanziert werden können.

Trotzdem hat Sr. Gaudentia nicht resigniert: «Die Menschen in PNG sind freundlich und intelligent, es fehlt ihnen nur an Bildung. Wir müssen auch bedenken, wie gross der Zeitsprung war, den sie machen mussten. Ins Computerzeitalter in wenigen Jahrzehnten.» Sie hat das hautnah miterlebt. Hätte man die Menschen dort denn nicht besser in Ruhe gelassen, statt sie durch die Jahrhunderte zu katapultieren? «Es gibt auf der Welt keinen Ort mehr, der von diesen Dingen unberührt bleiben kann. Wir haben wenigstens versucht, diesen Sprung etwas abzufedern.» Auch bringe die Zivilisation viel Gutes mit sich, zumal im Bildungs- und Gesundheitsbereich. «Wenn ich denke, wie viele Mütter und Kinder früher starben. Und wie viele schreckliche Krankheiten sie heute dank Antibiotika nicht mehr ertragen müssen.»

Im Gesundheits- und im Bildungswesen habe die Mission in Papua-Neuguinea nachhaltig Hilfe leisten können. «Dank der Mission haben viele Menschen schreiben und lesen gelernt, gibt es im Südlichen Hochland ein Gesundheitssystem, konnte einheimisches Personal ausgebildet werden. Und wir haben ihnen von unserem Gott erzählt, der Frieden, Vergebung und Liebe predigt. Es braucht Zeit, aber ich bin überzeugt, dass das ein gutes und bleibendes Fundament ist, auf dem sie aufbauen können.»

Sr. Gaudentia ist in PNG mehrfach offiziell für ihre Verdienste ausgezeichnet worden, einmal im Rahmen einer grossen Zeremonie. Selbst die Erinnerung daran ist ihr etwas peinlich. Natürlich habe sie das gefreut, aber es sei schon etwas gar viel der Ehre gewesen. «All das ist Teamwork, es braucht immer viele, die am gleichen Strang ziehen, um etwas zu bewegen.» Was war denn für sie der grösste Lohn? Es sei schön zu wissen, dass die von ihnen gegründete Pflegerinnenschule in einem guten Zustand sei. «Sie hat einen guten Ruf im ganzen Land.» Auch die Aidsstationen sind intakt. Und was hat sie am meisten gefreut? «Dass ich sehr schnell von den Menschen dort angenommen wurde, das tat mir gut. Ich habe das Wohlwollen der Menschen gespürt. Bei ‹Pigkills› erhielt ich immer ganz viel Fleisch, einmal bekam ich sogar ein ganzes Säuli geschenkt.»

Aufgrund ihrer Krankheit wurde Sr. Gaudentia abrupt aus dieser Welt gerissen. Es blieb kaum Zeit für den Abschied. «Ich wäre gerne noch ein Jahr geblieben, um alles geordnet zu hinterlassen», sagt sie immer wieder. In der Schweiz angekommen ist sie noch nicht ganz. Noch immer bekommt sie fast täglich Mails aus PNG, sie wird um Rat gefragt, weiss immer noch, was dort vor sich geht, wie sich die Projekte, an denen sie beteiligt war, entwickeln, was sie an wen weiterleiten muss. Sinnbildlich dafür ist vielleicht folgende Geschichte: Als ich sie in Hertenstein einmal bat, mir einen Text auszudrucken, sagte sie, sie könne dummerweise von ihrem Laptop aus nichts ausdrucken. Es sei darauf immer noch ihr Drucker in PNG installiert, und sie wisse nicht, wie sie das ändern könne. Was für eine hübsche Vorstellung: Wenn sie in Hertenstein, an diesem beschaulichen Ort am Vierwaldstättersee, auf «Print» klickt, springt möglicherweise eine halbe Weltreise entfernt in einem spärlich ausgerüsteten Büro in der Hauptstadt des Südlichen Hochlands von Papua-Neuguinea der Drucker an und spuckt ein Blatt aus, das für mich gedacht ist.

Als Sr. Gaudentia nach Baldegg zurückgekehrt war und sich wieder besser fühlte, gab es die Frage zu klären, womit sie sich beschäftigen sollte. Vor langer Zeit versprach sie ihrem jüngsten Bruder, der nicht verstehen konnte, weshalb sie ins Kloster eintreten wollte: «Ich werde keine Betschwester.» Wird sie nun doch eine? Sie habe kurz überlegt, ob sie nochmals nach PNG zurückkehren solle, habe die Situation dann aber akzeptiert: «Vielleicht war es einfach an der Zeit, zurückzukommen.» Sie überlegte, ob sie in Baldegg bei der internen Spitex mitarbeiten solle, entschied sich aber dann, nach Hertenstein ins Bildungshaus Stella Matutina zu gehen. Nicht zuletzt, weil sie dort mit Sr. Lukas, die mit ihr heimgekehrt ist, zusammen sein kann. «Da können wir uns austauschen.» Zwischendurch übernimmt sie den Portierdienst, vor allem, wenn englischsprachige Gruppen im Haus weilen. Zwei Nachmittage hilft sie in der Küche beim Backen. «Ich habe eigentlich immer gerne gebacken – ich half ja auch vor der Schwesternausbildung in einer Bäckerei aus.» Ausserdem unterstützt sie Mitschwestern, die gesundheitlich angeschlagen sind. Und sie macht bei Bedarf Fussreflexzonen-Massagen. «Ich pflegte den Patres in PNG manchmal auch die Füsse und machte Reflexzonenmassagen. Die hatten oft wüste Hühneraugen.»

Wenn Sr. Lukas sich im Café des Bildungshauses kurz zu uns setzt, um etwas zu plaudern, fallen die beiden immer mal wieder für kurze Sentenzen ins Englische. Da trinken zwei Baldegger Klosterfrauen, die eine aus dem luzernischen Gunzwil, die andere aus dem aargauischen Waltenschwil, zusammen Kaffee und sprechen englisch miteinander. Sie führen ein Leben zwischen zwei Welten. Manchmal habe sie Heimweh nach Papua-Neuguinea, sagt Sr. Gaudentia. «Ich habe losgelassen, bin aber noch immer irgendwie dort.»

Es ist nun fünfzig Jahre her, seit fünf Schwestern aus dem Kloster Baldegg losgezogen sind, um in einem Land zu leben, von dem sie zuvor noch nie etwas gehört hatten: Sr. Sixta Popp, Sr. Sibille Meier, Sr. Kiliana Fries, Sr. Lukas Süess und Sr. Gaudentia Meier. Sr. Sixta kehrte 1980 ins Kloster Baldegg zurück, half dort mit, wo sie konnte, und starb 1996 im Alter von 91 Jahren. Sr. Sibille kehrte 1981 in die Schweiz zurück und war danach lange als Lehrerin im Bildungshaus Stella Matutina in Hertenstein tätig. Sie lebt heute im Kloster Baldegg. Sr. Kiliana kehrte 1979 nach Baldegg zurück, reiste dann 1985 in ein Missionsgebiet in Tschad, wo sie zwei Jahre blieb. Sie lebt heute in Baldegg, ist aber pflegebedürftig. Sr. Lukas wird nächstes Jahr achtzig. Sie kehrte im Januar 2018 mit Sr. Gaudentia in die Schweiz zurück. Die beiden leben und arbeiten heute im Bildungshaus Stella Matutina in Hertenstein.

Mitte Mai 2020 sollte in Mendi das Fünfzig-Jahr-Jubiläum der Baldegger Mission gefeiert werden. Sr. Gaudentia und Sr. Lukas planten in Begleitung der Generaloberin Sr. Zita Estermann und ihrer ersten Assistentin, Sr. Nadja Bühlmann, für zwei Wochen nach Papua-Neuguinea zu fliegen. Es würde ein grosses Fest geben, freuten sich die beiden. Ein grosses Wiedersehen mit vielen Mitarbeitenden. Und schliesslich ein richtiger Abschied. Dann kam die Coronakrise. Sr. Gaudentia sagt: «Es sollte vielleicht einfach nicht sein.» Em tasol.

NACHTRAG

ANHANG

Baldegger Schwestern in Papua-Neuguinea

NAME	ERLERNTER BERUF	VON/BIS IN PNG	DANACH
Sr. Sixta Popp (1905–1996)	Krankenpflegerin	1969–1980	Baldegg
Sr. Kiliana Fries (*1934)	Krankenpflegerin	1969–1979	Tschad (1985–1987) Baldegg
Sr. Gaudentia Meier (*1939)	Krankenpflegerin Hebamme	1969–2018	Hertenstein
Sr. Lukas Süess (*1940)	Handarbeitslehrerin Katechetin	1969–2018	Hertenstein
Sr. Sibille Meier (*1941)	Handarbeitslehrerin	1969–1981	Hertenstein Baldegg
Sr. Zelia Argast (1934–2018)	Katechetin	1971–1985	Tschad (1987–1996) Baldegg
Sr. Verona Hutter (*1937)	Krankenpflegerin	1971–1978	Tansania (1987–2016) Baldegg
Sr. Damascena Schürmann (*1935)	Sozialarbeiterin (Künstlerin)	1971–2013	Tansania (bis 1971) Baldegg
Sr. Danielle Dietsche (*1936)	Primarlehrerin	1971–1979	Tschad (1982–1991) Baldegg
Sr. Maria-Paulus Marfurt (*1941)	Primarlehrerin	1972–2017	Baldegg
Sr. Ruth Gasche (*1931)	Krankenpflegerin	1972–1975	Tansania (bis 1972, 1975–2013) Baldegg
Sr. Dominik Vögtli (*1940)	Kindergärtnerin	1974–1985	Tschad (1990–1992) Tansania (1993–1995) Baldegg
Sr. Monika-Pia Kneubühler (*1945)	Handarbeitslehrerin	Seit 1974	
Sr. Josephata Schürmann (*1932)	Krankenpflegerin	1978–1983	Tansania (1983–2018) Baldegg

Sr. Lorena Jenal (*1950)	Heimerzieherin Familienpastoral	1979–2002, seit 2005	
Sr. Mildred Menezes (*1943)	Katechetin	1979–1989	Baldegg
Sr. Valentine Flury (*1946)	Handarbeitslehrerin	1979–2009	Baldegg
Sr. Esther Langenegger (*1943)	Köchin	1981–1991	Baldegg

Bibliografie

Baldegger Journal, diverse.
Bauer, Marcel: Pioniere und Propheten. Beilage in der Zeitschrift *Christ in der Gegenwart,* Nr. 48, 2018.
Chandler, Jo: Hexenverbrennung im Jahr 2013. U.a. in: Das Magazin des *Tages-Anzeigers* vom 23. März 2013.
Don Lippert Episcopal Consecration in Mendi, 2. Februar 2012 https://youtu.be/kJImM3V7OCA (23.7.2020).
Dornis, Jürgen: 15 Jahre Unabhängigkeit – Wohin steuert Papua-Neuguinea? In: Pazifik Informationsstelle, *Dossier* Nr. 15, 1991.
Dornis, Jürgen: Von der Missionsschule zur Dorfentwicklung. In: Pazifik Informationsstelle, *Dossier* Nr. 16, 1991.
Farnbacher, Traugott: Vortrag beim Studiengang über den Todeszauber. In: Sanguma. Hexerei und christlicher Glaube in Papua-Neuguinea. Pazifik Informationsstelle, *Dossier* Nr. 98, 2012, S. 8–21.
Flitner, Bettina: Verleumdet, gemartert, verbrannt. In: *Chrismon,* August 2017.
Gibbs, Philip; Cordeiro, Zelia: Mist in the Mountains (HIV und Aids in Porgera, 2006). https://vimeo.com/13991163 (23.7.2020).
Gibbs, Philip: World Aids Day in Mendi, 2008. https://vimeo.com/13993903 (23.7.2020).
Gibbs, Philip: Engendered Violence and Witch-killing in Chimbu. In: Australian National University *E-Press.* Canberra 2012, S. 107–135.
Gibbs, Philip; William, Winnie: Second Chance. Caring for HIV-Infected Mothers and Their Children in Mendi, Papua New Guinea. In: Missing the Mark? Women and the Millenium Development Goals in Africa and Oceania. Ontario 2016, S. 74–95.
Hörsch, Waltraut: Baldegg (Kloster). In: Historisches Lexikon der Schweiz (HLS), Version vom 23.6.2014, www.hls-dhs-dss.ch/textes/d/D12126.php (23.7.2020).
ITE – Die Eine-Welt-Zeitschrift: Das Magazin der Schweizer Kapuziner, 5/2002, Olten. Aids: 28 Millionen Infizierte (Aids in Afrika), Baldegger Schwester kämpft gegen die Krankheit, Virus bedroht die Südsee.
Meier, Dominik: Zu Besuch bei den Schwestern in Mendi PNG, Dezember 2015: https://www.youtube.com/playlist?list=PLqZVhQIxSmjK7MYqaq50NNrRmuuiexuSu (23.7.2020).
Meier, Sr. Gaudentia: Government/Churches Health Partnership in the Catholic Diocese of Mendi SHP PNH, 2010. Bericht im Auftrag des «Church Partnership Program» PNG.
Pacific News vom 26.2.2018. In: *Pazifik aktuell,* Nr. 115, 2018, S. 6.
Rath, Günter: Unruhige Zeiten im Paradies. Papua-Neuguinea hat aus den Fehlern anderer Entwicklungsländer nicht gelernt. In: Pazifik Informationsstelle, *Dossier* Nr. 10, 1990.

Reichert, Stephen: A Short History of the Mendi Mission. Broschüre zum 50. Jubiläum der Katholischen Kirche im Südlichen Hochland, Mendi 2004.

Rosenberg, Sr. Maria Martine: Kloster Baldegg. In: *Helvetia Sacra* VIII, Band 2, 1998, S. 72–93.

Seetaler Bote vom 29. August 2013.

Seib, Roland: Die politische und wirtschaftliche Entwicklung in Papua-Neuguinea – Eine Bestandesaufnahme zu Beginn der 1990er-Jahre. In: Pazifik Informationsstelle, *Dossier* Nr. 10, 1990.

Seib, Roland: Big-men, Korruption und «bad governance» – Politische Instabilität und Staatsversagen in Papua-Neuguinea. In: Pazifik Informationsstelle, *Dossier* Nr. 56, 2000.

Seib, Roland: Zur Renaissance tribaler Konflikte in Papua-Neuguinea. In: *Pazifik Netzwerk*, Nr. 10, Juni 2002.

Seib, Roland: Kriminalität in Papua-Neuguinea. In: *journal-ethnologie.de*, 2005.

Seib, Roland: Das Paradox vom Wohlstand ohne Entwicklung. Papua-Neuguinea und der Bergbau. Blickwechsel, Stiftung Asienhaus, 2016.

Urame, Jack: Zauberei, Gesellschaft und Kirche in Papua-Neuguinea. In: Sanguma. Hexerei und christlicher Glaube in Papua-Neuguinea. Pazifik Informationsstelle, *Dossier* 98, 2012, S. 2–7.

Vautravers, René: Clanstrukturen kollidieren in Papua-Neuguinea mit dem Nationalstaat. In: *Neue Zürcher Zeitung* vom 9. Juli 2009.

Wälterlin, Urs: Maserati statt Impfstoff. In: *Basler Zeitung* vom 15. Oktober 2018.

Wikipedia-Eintrag zu Papua-Neuguinea.

Zeitzeugenprogramm humem «Gedächtnis der humanitären Schweiz». Video: 1.2 Zeitzeugnisse, 266 Meier, Margrit (Gaudentia). Interviewt durch Theo Stich am 5. November 2009. ETH-Archiv für Zeitgeschichte, Signatur: IB humem-Archiv/266.

Bildnachweis

S. 54
Ortsmuseum Waltenschwil
Vordere Umschlagseite oben, S. 55, 56, 57, 58, 98, 99, 104 oben, 105, 108, 111, 162, 163, 164, 166
Privat
S. 65
Fotos: Helene Arnet
Vordere Umschlagseite unten, S. 100, 101, 102, 103, 104 unten, 106, 107, 109, 110
Diasammlung Kloster Baldegg
S. 165 oben
Sr. Lukas
S. 165 unten, 167
Annamarie Meier

Autorin

Helene Arnet ist in Schlieren im Kanton Zürich aufgewachsen und studierte an der Universität Zürich Geschichte und Germanistik. Sie promovierte mit einer Arbeit über die Geschichte des Klosters Fahr und war einige Jahre als Lehrerin an der Kantonsschule Limmattal tätig. Heute arbeitet sie als Journalistin beim *Tages-Anzeiger*. 2016 publizierte sie das Buch «Die Brückenbauerin». Sie lebt mit ihrer Familie in Dietikon bei Zürich. Sr. Gaudentias Erzählungen zeigten ihr, dass Mission auf Augenhöhe möglich ist.

Dank

Ich brauchte mehrere Anläufe, um dieses Buch zu Ende zu schreiben. Dass dies schliesslich gelungen ist, verdanke ich meinem Mann Urs Fischbacher und unserem Sohn Silvan. Beide glaubten stets mit grosser Selbstverständlichkeit daran, dass ich das schaffen würde. Mir blieb also nichts anderes übrig.

Ich danke auch meinen Freundinnen und Freunden, allen voran meiner Schwester Esther Arnet und Toni Haueter, die sich immer wieder interessiert nach dem Buch erkundigt haben. Diese Anteilnahme war ermunternd.

Ich danke jenen, die den Text – noch in Rohform – vorgekostet und für interessant befunden haben: Aus dem privaten Umfeld waren dies Brida Bütikofer und meine Schwiegermutter Marlies Fischbacher-Theus. Als Marlies eines Tages, beim Kaffeetrinken, über Mendi plauderte, als läge die Hauptstadt des Südlichen Hochlands von PNG gleich um die Ecke, wusste ich, dass es mir gelungen war, ihr Fernes nahe zu bringen.

Für seine Durchsicht und Rückmeldung danke ich herzlich Andreas Isler, der am Völkerkundemuseum Zürich für den Raum Südostasien zuständig ist, ebenso seiner Kollegin Paola von Wyss-Giacosa. Andreas Isler nahm sich der im Kloster Baldegg aufbewahrten Dias über die Mission in Papua-Neuguinea an und hat bereits einen Teil digitalisiert. Das Mittagessen mit ihm, Sr. Gaudentia und Sr. Lukas in einem trendi-

212

gen Zürcher Vegi-Restaurant werde ich nicht so schnell vergessen. Die beiden Schwestern, die staunend vor dem riesigen Buffet standen, waren wirklich ein exotischer Anblick in dieser Umgebung.

Weiter danke ich der Literaturwissenschaftlerin Hildegard Keller, die mir wertvolle Ratschläge für den Aufbau der Geschichte gegeben hat.

Ich danke den Mitgliedern der Familie Meier, die mir von früher erzählten und in ihren Familienalben nach passenden Bildern suchten. Allen voran danke ich José und Annamarie Meier sowie Gabriela Arnet-Meier und ihrem Mann, meinem Bruder Guido Arnet, die mich bei der Bildersuche unterstützten und gemeinsam mit dem Verlag die aufwendige Aufgabe übernahmen, Unterstützungsleistungen für das Buch zusammenzutragen. Sie ersparten mir, das in eigener Sache tun zu müssen.

Ich danke Denise Schmid und Bruno Meier vom Verlag Hier und Jetzt dafür, dass sie dieses Buch in ihr Programm aufgenommen und professionell betreut haben, obwohl sich das Thema auf den ersten Blick weder durch einen besonderen Bezug zum Hier noch zum Jetzt auszeichnet.

Ich danke Naima Schalcher für die sorgfältige Gestaltung des Buchs. Es machte Freude, zu erleben, wie aus einem simplen Manuskript ein richtig schönes Buch wurde.

Die Lektorin Rachel Camina nahm es auf sich, den Text zu ebnen, wo er holprig war, Unnötiges zu entfernen, Nötiges hinzuzufügen. Auch diskutierte sie mit mir, wie wir mit jenen Begriffen umgehen, die heute als abwertend wahrgenommen werden. Für ihre grosse Arbeit danke ich von ganzem Herzen.

Ich danke allen, die das Buch finanziell unterstützten, und hoffe, dass es hält, was sie sich davon versprochen haben.

Ich danke Sr. Lukas Süess und Sr. Martine Rosenberg für die Gespräche, die mir einen vertieften Einblick in das Leben im Kloster Baldegg und in die Missionsstationen in Papua-Neuguinea gaben. Mich hat ihre Offenheit und Herzlichkeit sehr motiviert.

Und natürlich danke ich Sr. Gaudentia Meier. Sie ist mir von Anfang an freundlich, bald herzlich begegnet und hat geduldig aus ihrem Leben erzählt und alle meine Fragen beantwortet. Sie tat dies, obwohl sie es eigentlich nicht sehr mag, über sich selbst zu sprechen. Die Begegnungen mit ihr waren für mich sehr bereichernd.

Der Verlag Hier und Jetzt wird vom Bundesamt für Kultur mit einem Strukturbeitrag für die Jahre 2016–2020 unterstützt.

Mit weiteren Beiträgen haben das Buchprojekt unterstützt:
Kloster Baldegg
Einwohnergemeinde Waltenschwil
Ortsbürgergemeinde Waltenschwil
Katholische Kirchgemeinde
  Waltenschwil
Stadt Dietikon
Koch Berner Stiftung, Villmergen
Josef Müller Stiftung, Muri
Fondation Emmy Ineichen, Muri

SWISSLOS
Kanton Aargau

KANTON LUZERN
Kulturförderung
SWISSLOS

José und Annamarie Meier-Haller,
  Waltenschwil
Alfons und Apollonia Meier-Hübscher,
  Waltenschwil
Beatrice Meier-Keusch, Waltenschwil
Elisabeth und Ueli Meier-Meier,
  Othmarsingen
Ruedi und Cilli Meier-Villiger,
  Arlesheim
Annemarie Schmid-Meier, Dottikon
Gabriela und Guido Arnet-Meier,
  Waltenschwil
Dominik Meier, Aarau
Thomas Meier, Waltenschwil
Béatrice Roos-Meier, Ennetbaden
Alleviamed AG, Meisterschwanden,
  Marcus Roos
Daniela und Robin Rothenbühler-
  Meier, Wettingen
Jürg Meier und Andrea Bittermann,
  Weiningen
Heinz Amgwerd, Wohlen
Josef Brem, Jonen

Dieses Buch ist nach den aktuellen Rechtschreibregeln verfasst. Quellenzitate werden jedoch in originaler Schreibweise wiedergegeben. Hinzufügungen sind in [eckigen Klammern] eingeschlossen, Auslassungen mit […] gekennzeichnet.

Umschlagbilder: Sr. Gaudentia im Gespräch mit Einheimischen auf dem Dorfplatz in Det, um 1980; die Krankenstation in Det, um 1977.

Lektorat: Rachel Camina,
Hier und Jetzt
Gestaltung: Naima Schalcher, Zürich
Satz und Bildbearbeitung: Benjamin
Roffler, Hier und Jetzt
Druck und Bindung: Kösel GmbH,
Altusried-Krugzell